# 中国怎么样

ZHONGGUO
ZENMOYANG

## 驻华外国记者如何讲述中国故事

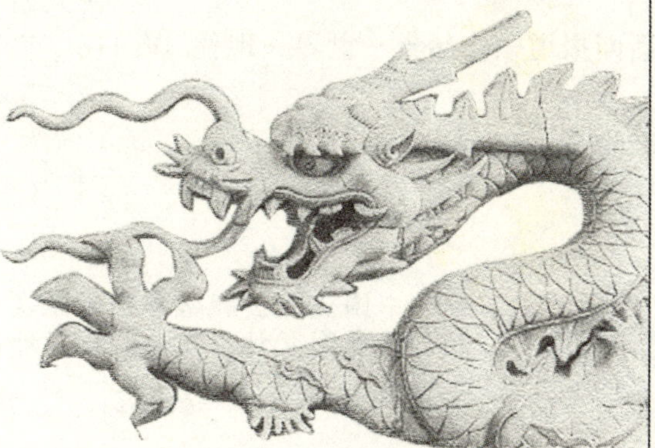

张志安 叶 柳◎著

南方日报出版社
NANFANG DAILY PRESS

**图书在版编目（CIP）数据**

中国怎么样？：驻华外国记者如何讲述中国故事 / 张志安，叶柳著. —广州：南方日报出版社，2009.9
ISBN 978-7-80652-920-1

I. 中… II. ①张…②叶… III. 新闻报道—作品集—世界—现代 IV. I15

中国版本图书馆 CIP 数据核字（2009）第 156510 号

本书是上海外国语大学“211 项目”第三期“中国走出去战略和国家软实力建设研究”子项目“外国媒体与中国形象”、2009 年度国家社科基金“驻华外国记者的职业意识及影响因素研究”（批准号：09CXM015）研究成果。

**中国怎么样？——驻华外国记者如何讲述中国故事** 张志安 叶柳 著

出版发行：南方日报出版社
地　　址：广州市广州大道中 289 号
电　　话：(020) 87373998-8502
经　　销：全国新华书店
印　　刷：广州市怡升印刷有限公司
开　　本：787mm×1092mm 1/16
印　　张：10
字　　数：213 千字
版　　次：2009 年 10 月第 1 版
印　　次：2009 年 10 月第 1 次印刷
定　　价：20.00 元

投稿热线：(020) 87373998-8503　读者热线：(020) 87373998-8502

网址：http://www.nanfangdaily.com.cn/press　http://www.southcn.com/ebook

# 序

# 境外记者在中国

□郭　可

## 特殊的身份

境外记者是指国外或境外媒体机构派驻中国大陆的记者。这些境外记者一般可以分为两类：一类是当中国发生一些重大事件（如奥运会）时，临时派来中国的记者，被称为“伞投式记者”；一类是常驻在中国本土的境外记者。伞投式记者对中国的了解程度一般相对较低，多数可能不会说中文。但常驻境外记者则不同，多数懂中文，且一般都来过中国，熟悉中国政治、经济、文化、社会等各个方面的情况，还有较多的社会关系，活动力强，活动范围广，消息灵通；他们会非常重视采访实效，为了及时发出新闻，希望直接掌握第一手材料，不满足于一般性的采访和参观；他们一般政治上很敏感，既会客观报道中国情况和中国内外政策，也会渲染我国存在的问题，尤其突出我国人权、自由、民主等问题。

由于种种现实和历史的原因，境外记者在中国一直属于一个特殊的记者群体。他们的身份之所以特殊，是因为这些境外记者在华的生活圈和他们的新闻报道活动与中国同行和老百姓总有点距离。这当中既可能与中国政府新闻政策和目前新闻体制有关，也可能与他们的文化和语言背景有关。但不管如何，境外记者在中国社会中总显得有点神秘，也因此凸显其特殊性。

此外，境外记者这一群体在中国历史上和当代社会中总是具有较强的政治性。这或许因为他们所发布的新闻报道总与中国的国家政治、经济和文化等某些敏感话题（如人权、西藏和台湾问题等）联系在一起。这当中既有公正客观的报道，但也不乏在中国和中国政府看来是不客观、负面甚至恶意中伤的新闻报道。对于这些涉华负面新闻报道的诱因，中西方的专家有完全不同的解读：西方学者认为这是由中国政府的政策所致，使得这些境外记者无法客观报道中国；而中国学者则认为这与境外记者的意识形态偏见有关联。由于中西方对境外记者新闻报道的态度存在较大的差距，于是，境外记者的涉华报道已经远远超出其新闻报道的内涵，而往往与中国的国际形象和涉华国际舆论联系在一起，境外记者在中国的身份也因此变得很不一样。

当然，境外记者身份的特殊性可能也与中国的近代历史有一定的关系。中国近代史是中国社会从封闭走向开放、从贫穷走向富裕、从软弱走向强大的过程。这一过程中，中国作为大国的集体自信得到极大提高。而中国近代社会变化的见证人——境外记者，解读中国发展历程的心态也从原先居高临下的殖民者心态逐步变得相对多样化：有些真正看到中国的发展并为之欣喜，有些却还戴着有色眼镜来挑剔中国。当然，在这个过程中，有一点始终未变：境外记者一直以旁观者的心态来审视中国。这既是他们记者职业的要求，也是他们（尤其是西方记者）与中国的历史延伸。

无论是在他们的新闻报道还是私下讨论中，境外记者自己也觉得与中国国内记者不一样，或者说希望保持不一样，总用“他们”来描述中国政府、中国同行和老百姓，加固了他们在中国社会中的特殊身份。

尽管如此，过去30年中，随着中国改革开放不断深入，中国对境外记者的吸引力还是与日俱增，越来越多的境外记者开始涌入中国。据外交部新闻司统计：1990年境外媒体在华常驻记者仅170人，全年临时来华采访的也不到1500人。2002年，常驻记者增加到353人，代表199个境外媒体机构，主要分布在北京和上海这样的大城市。而到2006年2月，共有来自46个国家的291家机构进驻中国，516名记者在华常驻。与2002年相比，驻华外国新闻机构增加了93家，记者人数几乎翻了一番。到2007年，常驻中国的境外媒体机构已上升到363家，常驻境外记者达到760名。目前，共有606名外国记者在华常驻，每年临时来华采访的外国记者有3000～5000人。2008年北京奥运会则吸引了更多境外记者来华采访，据中国国家体育总局官员估计，采访北京奥运的记者人数达到了2.4万人，创历届奥运之最。①

## 管制的变化

境外记者在中国的身份特殊，可能与我国政府的控制和管理制度也有密切关联。一直以来，我国新闻管理体制总是把境外记者当作特殊对象（或另类对象）来单独管理。这不仅使政府部门和中国记者认为境外记者“与众不同”，连境外记者自己也会觉得他们很特殊。

这一点从我国颁布的三个关于境外记者的管理条例和规定可见一斑。1981年3月9日，国务院发布了《管理外国记者新闻机构常驻记者的暂行规定》，共14条；1990年1月11日，国务院第53次常务会议通过了《外国记者和外国常驻新闻机构管理条例》，共22条，并代替了1981年的《暂行规定》；2007年1月1日，专门针对北京奥运会，我国又颁布了《北京奥运会及其筹备期间外国记者在华采访规定》，共9条。

---

① http：//www.chinanews.com.cn/olympic/news/2008/07－29/1328608.shtml。

1981 年出台的《暂行规定》主要强调了对境外记者的限制，大多由“申请—注册—登记”的方式来体现，可以说境外记者在中国的一举一动都受到严格监管，包括入境、离境、延期、变更事宜、住宅、采访、通信设备等。1990 年出台的条例则完善了相关细节，尤其是申请与注册的内容越来越细，并指定由外交部主管，在采访与通讯设备方面仍然受到严格限制，并区分申请提交和获得批准两者的区别，同时对外国记者将要报道的新闻内容做了规定并突出了国家安全（第 14 条）。

2007 年的北京奥运会规定则对境外记者采访放宽了限制，给予了很大的自由。与此前条例相比，主要在四个方面有突破：（1）境外记者采访不再需要中国国内单位接待并陪同；（2）境外记者赴地方采访，无需向地方外事部门申请，只需征得被采访单位和个人同意；（3）境外记者可以通过被授权的外事服务公司聘用中国公民协助采访报道工作；（4）简化了相关器材入关的手续。

境外记者对我国放宽对他们采访奥运的限制是欢迎的，但同时他们也认为这一规定可能只是暂时的。现在，中国只允许外国记者去特定城市进行采访，还需要获得当地政府的批准。按照现有规定，地方政府有权拘留那些进行非法报道的境外记者，尤其针对政府认为非常敏感的问题，如抗议示威、矿难和人权案件等。面对我国政府对境外记者的管制，境外记者的心态是复杂的，对中国政府的管制会产生一种不满。

北京的驻华外国记者协会[①] 2007 年对 163 名境外记者的调查表明：47% 的受访境外记者认为中国的采访环境有了改进，但 67% 的境外记者认为中国政府没有兑现奥运新闻采访的承诺。该调查还罗列了他们采访中的问题，其中最大一个问题是他们无法接触到他们想见的政府官员（尤其是政府最高层）和公共信息服务。[②]

总体来说，境外记者对中国政府目前的管理模式持复杂的感觉，既“令人失望但又值得肯定”（frustrating but positive）[③]。大概正因为如此，在中国的境外记者对政府部门会自觉不自觉保持较高的戒心，同时也更加凸显了他们在中国作为特殊新闻从业者的地位。

## 报道的议题

关于境外记者涉华新闻报道的关注焦点，有一个较形象的比喻：上世纪 80 年

---

① 驻华外国记者协会（http：//www. fccchina. org/）是一个非政府组织，吸收在北京的境外记者为会员，目前会员已超过 300 人。该协会的宗旨主要是保护在京境外记者的权益并提供相关的服务。该网站上罗列了境外记者在北京采访要注意的事项，如提供主管部门的联系方式、如何保护被采访者和中国雇员。该网站记录了自他们网站开通以来 283 起境外记者采访受到干扰的事件。

② 在评估中国官员方面，69% 的境外记者认为中国官员在接待境外记者方面做得差，22% 认为中偏下，6% 认为中等，1% 认为中偏上。在评估公共信息服务方面，37% 的境外记者认为做得差，47% 认为中偏下，13% 认为中等，1% 认为中偏上。没有境外记者给中国官员和公共信息服务打优秀。当然，该调查并没有注明这些类别的具体定义。

③ 这是一名法国记者对目前现状的总体评价，引自 http：//www. fccchina. org/。

代，境外记者到中国后，会说“请带我去看大熊猫”；到了90年代，他们说“请带我去看不同政见者”；到了21世纪，他会说“请带我去商务部”。

这样的比喻可能有点夸张，但一定程度上折射出境外记者不同时期对中国的关注点。据笔者观测，过去30年中境外记者对中国的报道总体上开始覆盖各个方面，包括政治、经济、文化、环境、军事、国防、外交、体育、教育、人权、宗教等。也就是说，境外记者对中国的关注已经开始多元化。多项相关研究表明，境外媒体机构对中国报道的多元化趋势在过去10年中已表现得越来越明显。根据清华大学新闻与传播学院关于《纽约时报》、《华盛顿邮报》和《华尔街日报》1995年、2000年、2005年的中国报道研究表明西方主流媒体的一个重要变化体现在议题设置上：经济话题有了大幅增加，社会、文化领域报道增多，纯粹的政治报道比重有所下降。以经济报道为例，3家报纸2005年的报道量都比1995年提高了20%以上，基本上占了所有中国报道的1/3。因此，可以把西方媒体对中国报道通常总结为五个“论”：一是“中国威胁论”；二是“中国崩溃论”；三是“中国妖魔论”；四是“中国机遇论”；五是“中国发展论”。①

从近几年的情况来看，笔者认为境外记者的中国报道总体上还是较为客观的。中国国务院新闻办报告显示，美国上述三家主流媒体对中国的报道共有243篇，其中客观报道占报道总数的1/4左右，偏见报道约占1/3，平衡报道的比重是40%。因此，国务院新闻办认为：在倾向性上，三家美国主流媒体对中国的中性报道占多数，负面报道略多于正面。而在上个世纪90年代，西方主流媒体妖魔化中国的报道占涉华报道总数的60%～70%。② 因此，可以认为在华的多数境外记者在主观上还是能用专业化的视角来报道中国的。

当然，也不排除极少数境外记者对中国怀有极端的偏见。这种偏见在2008年上半年的“3·14”事件以及后来的地震报道、奥运报道中表现得尤为明显。这些片面的新闻报道与北京成功举办2008年奥运会开幕式后的真实报道形成了强烈反差。连西方媒体（《芝加哥论坛报》）自己都承认：“西方将中国置于显微镜下寻觅丑陋东西，你总会看到一些不喜欢的东西——杂草、臭虫、野蘑菇、泥块和垃圾等。这种看法是准确的，但又是片面的，要全面了解中国需要透过中国人的生活和历史全景——专注于中国的过去并对其他事情不闻不问是一种可耻的行为。”③

应该承认，过去30年是我国社会变化最大的30年。这一变化过程也许在西方国家经历了上百年的历史时期，因此客观上确实让这些不是十分了解中国社会背景和历史背景的境外记者（尽管有些记者会说中文）看得眼花缭乱，有时看不

---

① 《西方媒体语言折射中国形象嬗变》，引自 http：//www. sina. com. cn，2006年11月14日，《决策》杂志。“中国发展论”为笔者所加。

② 《美国西方媒体如何写中国　妖魔化报道比例下降》，http：//news. xinhuanet. com/newmedia/2006－06/30/content_ 4769871. htm。

③ 引自2008年8月10日《芝加哥论坛报》文章《看清楚现代化中国》，刊于2008年8月11日《环球时报》第六版。

到有些新闻事件的本质，再加上他们对中国的固定成见和中国政府本身的一些失误，使得他们的中国报道不可避免地有一定的局限性甚至矛盾性，较难反映中国社会变化的丰富性和真实性。

尽管2008年上半年西方媒体的中国报道充分反映出西方国家对中国的西方式固定成见，但应该承认，近年来境外记者报道中国的视角也在不断变化中。微观来讲，这与境外记者的构成有关联：这几年越来越多的境外记者都学习过中文，来中国考察过，比较熟悉中国的社会和事务，在处理新闻报道上更加平稳、客观和真实。从宏观来讲，中国经济的飞速发展、中国国家总体实力的提高以及中国政府日益开放和自信的态度（尤其是奥运会之后），使得中国开始真正融入世界，变成其他国家（尤其是西方国家）一个真正意义上的利益相关者。因此，这些境外记者的中国报道总体上也趋向更加全面、相对客观。

## 舆论的焦点

当然，境外记者在中国之所以变得很特殊，除了上述分析的一些原因，最主要的原因是他们的中国新闻报道老是在主导着国际媒体（尤其是西方国际媒体）涉华国际舆论的走向。可以说，自从中国改革开放以来，国际媒体中涉华国际舆论一直在深刻地影响着中国社会，尤其是中国的重大国事，而且一般总是对中国不利的影响。2008年上半年系列事件的国际舆论可以说是把这种影响推到了登峰造极的地步——这次国际涉华舆论不仅绷紧了中国的政治神经，还激怒了中国一般民众，使得境外记者的新闻报道演变成中国社会和民意与国际媒体（甚至西方国家）之间直接对抗的导火线。

于是，在中国的境外记者以及他们的新闻报道是否公正、平衡和准确一直是中外争论的焦点。但事实已证明：这一问题可能比涉华国际舆论本身更为复杂。中方会认为国际媒体中的涉华舆论大部分报道是负面的，没有社会责任感，没有看到中国的进步，没有反映中国全貌；并认为境外记者的这些负面涉华报道之所以如此，主要是因为境外记者对中国的语言、历史和文化缺乏了解，意识形态上的偏见，或是为了迎合一些国际媒体总部编辑或政府和财团对大众媒体的控制，市场因素的影响以及他们片面追求戏剧性效果。而境外记者则会认为中国人高估了他们的影响力，他们只是记者，不是他们国家或政府或新闻机构的代表或发言人，他们报道本国政府可能也以负面为主。作为记者，他们的首要任务是尽量客观地报道中国发生的事件，而且他们有时之所以不能客观和准确地报道中国，是因为缺乏中国政府的有效合作，有时甚至是故意妨碍和干扰。境外记者认为中国不应单纯用“正面”或“负面”来考虑问题，也不能仅仅以“中国的敌人”或者“中国的朋友”来判断一名境外记者。

总之，中外双方的根本分歧在于，中方认为媒体（或新闻报道）的责任，是要营造良好的涉华国际舆论，而多数境外记者（尤其是西方记者）则认为媒体应是寻求真相的独立声音。这几乎使双方无法达成广泛的共识，也无法找到简单的解决问题的方法。①

## 结 语

境外记者与中国社会之间对媒体功能和舆论的截然不同态度并非一朝一夕形成的，因此要消除双方的误解也不是短时间内能解决的。从目前而言，境外记者和中国（包括整个社会和政府部门）可能都把对方看成“他们”，与对方打交道都会理解为“与狼共舞”，都会对对方抱有戒心。显然，这样不利于增强双方的相互理解。但是有一点可以预测，将来某一天当境外记者在中国不再显得那么特殊之时，当政府无须颁布特别条例来管制境外记者之时，境外记者这一名称可能会慢慢消失，至少会变得不那么特殊了，中外在新闻传播和媒体的理解就会大幅增强。

也许这只是一种假设。但2008年奥运会开始以来，从中国政府的积极作为和开放自信以及境外记者和国际媒体的奥运报道来看，这种假设的实现应该是有可能的。

（作者为上海外国语大学中国国际舆情研究中心主任，教授、博导，本书策划）

① 以上一些观点主要引自特里萨·J. 劳森1998年撰写的《美国媒体的涉华报道——大会总结报告》以及中外记者在北京开展的两次对话的综合。

# 对外国媒体的期待应该更现实点

## ——CNN 驻北京分社社长吉米（Jaime A. FlorCruz）访谈

### 个人简介

吉米（Jaime A. FlorCruz）1951 年 4 月 5 日生于菲律宾。在菲律宾上大学期间，他是一位激进的反马科斯政权分子。1971 年 8 月，吉米来到中国进行一个为期三周的旅行，却意外地被困在这异国他乡，被迫开始了流亡生涯。1972 年，马科斯宣布进行军阀统治，一年后，吉米的菲律宾护照过期。此后，他困于中国长达 12 年之久。

在华期间，吉米不仅学习、工作，还周游各方。1972 年，他在湖南省的一个国营农场劳动了将近一年，后来又到山东省的一个渔业公司工作（1972 ～ 1973 年）。到北京后，他在北京语言学院（北京语言文化大学的前身）系统地进修了两年中文（普通话），还参加了翻译培训。1982 年，他获得北京大学中国史的学士学位。此前，他曾于 1971 年在菲律宾理工大学获得广告学学士学位。

吉米在北京大学历史系的毕业论文研究了中国 1935 年的“一二・九”学生运动。写论文期间，他还担任了美国《新闻周刊》的新闻助理（1980 ～ 1981 年）。1978 年，吉米每周给北京大学的老师进行两次英文培训，后来又给北京师范大学的学生培训英文（1979 ～ 1981 年）。他还在中国的中央电视台一个名为《大家一起唱》的栏目里教英文歌曲，并且有过几次上镜的经历。

1982 年，吉米加盟了美国《时代》周刊杂志中国记者站，并在 1990 ～ 2000 年期间担任其首席记者。2000 ～ 2001 年，他在纽约获得了艾德华・默罗新闻基金会（Edward R. Murrow）的研究基金，担任外交关系委员会的新闻研究员。吉米于 2001 年 7 月加盟美国有线新闻网（CNN），目前担任 CNN 北京分社社长兼首席记者。在 1988 ～ 1990 年，以及 1996 ～ 1999 年期间，他曾两次担任“中国外国记者俱乐部”的主席，该俱乐部大概有 200 多位成员。

吉米可以熟练地使用英语、菲律宾语以及中文（普通话）。

## 访谈实录

访谈时间：2008年1月30日上午

### （20世纪）80年代在中国当记者，又简单又困难

**问：**您在中国生活了30多年了，又是亚洲人的面孔，把您看成外国记者，我们都觉得有点别扭。您自己也会有跟其他外国同行不一样的心理感受和身份认同么？如果有，这种不同主要是什么？

**答：**我想主要是有对比的好处和机会。我最早从1982年开始在《时代》周刊工作，那时候，当记者是又简单又困难。简单是因为可做的东西很有限，中国当时的体制、政策对外国记者限制很大，采访的机会特别少，能做的报道也少。主要是因为社会本身，体制的控制是很严格的，很难交朋友，官员和老百姓都很避讳我们外国记者，住、行也都有限制，我们住在什么地方都是指定的，出去行动和采访也很有限，一般都得有指定的工作人员陪着我们去。要去外地采访得特殊申请，批准了，才能去，而且一般都是集体出去、集体采访。所以，那个时候能够到比较新的地方、新的城市已经是了不起的事了。

**问：**能出北京都这么不容易？

**答：**对，包括几年以后，大概1988或1989年，组织我们去西藏，那个时候已经是不得了的事了。说简单，也是因为当时外国记者团特少，十几个媒体，可能还不到100个记者。一方面，我们都很团结，谁都认识谁，而且互相帮助、互相照顾；另一方面，我们又都觉得困在一个地方，信息很少。那时候，除了官方的消息来源以外，很少能得到非正式的或者通过私人关系获取所谓的"小道消息"，能够抢到一些新闻也是很大的事。

**问：**80年代，你们外国记者基本上都在规定范围内有限地做报道。当时，对中国的报道恐怕不是非常负面吧？

**答：**不是。它是从一个极端跑到另外一个极端。我觉得，那时候，特别是七八十年代不都是特别负面的，甚至是浪漫化的——把中国浪漫化。尤其80年代初，很多记者都是第一次来中国，虽然学过中文或中国学，但对中国不够了解，最早的一些报道写的是新鲜或浪漫的中国故事。后来开始有一些负面报道，因为很多人开始敢跟外国记者接触，传递一些信息，发表一些意见，才开始有那种负面报道的叙事吧。

那个时候，最早的报道主题、文章是关于北京烤鸭或者中国熊猫的，还有中国没有广告、没有送比萨的，等等，都是很好奇、很稀奇的东西。另外，很多报道都是有关政治的，中国领导人的政治活动或者政治斗争、权力之争，这类文章中分析报道比较多。有个说法叫“tea leaf reading”（茶叶占卦），就好像看茶叶来推测一些事情，“reading tea leave”的意思就是通过看茶叶能得到什么提示，判断会有什么结果。把它比喻成这样，是因为关于中国的政局，我们能知道的或能琢磨透的很少，只能猜测、推测。有一些所谓分析家，就凭着谁跟毛主席或当时的领导人坐得近来推测谁的官职会上升，从70年中后期一直到80年代初，都是这样。

**问**：80年代，兴起全民文化热，西方哲学等思想涌进中国，个体意识解放、社会观念逐渐多元化，外国记者关于中国报道的主题是不是也逐渐多元化？

**答**：我想是多元化了。从另一个角度看，也有了一定深度，针对一些具体话题，我们开始有比较深度的接触。

**问**：采访限制上，会不会也有所变化？

**答**：逐步有一些变化，不过还是很初步。我记得，1988年的时候，那段时间还算是比较开放的，主张透明度，在媒体上也有所反应。当时很活跃，包括媒体也很活跃。

**问**：1987年是所谓的“深度报道年”，《中国青年报》、《人民日报》做了很多改革人物的报道，发表了很多深度报道。

**答**：很多长篇报道。外国媒体也同样受到了一些启发，接触到比较广的信息，从主题来讲，从深度来讲，当时的气氛还比较宽松。

**问**：当时，您在什么媒体工作？

**答**：还在《时代》周刊工作。有一次，国家领导人在人民大会堂搞活动，我也参加了。那是我第一次看到一个中国高级领导人比较自在轻松的样子。会场的气氛也比较轻松，做外国记者工作的人好像也比较主动地给我们介绍情况。当时的中国记者协会也比较活跃，有一帮比较年轻的人，比较开放，组织了一些发布会和参观活动。

大概25年以前，外交部第一次开始搞发布会，钱其琛是新闻司的司长。当时，大概每个月一次或两星期一次，很简单，也就是在国际俱乐部这个地方，上面有个小电影厅，我们几十个外国记者就在那儿听。一般他们就念念稿子，20分钟左右，最早的情况是发布完就结束，不回答问题。

2000年，我离开过中国一年，在那之前，可以做的东西也多了，可报道的题目也多了，我们当时关心的就是经济、政治、社会、文化，中国的媒体也更活跃、更多元了，消息来源比较多。不过，关于正面、负面的比例很难分清，应该算比较平衡吧。

## 可以批评你，但也给你说话的机会

**问：**我不知道您是否知道，1996年出版的《妖魔化中国的背后》（李希光、刘康著）一书，在国内引起了强烈的社会反响。您对此也有所关注吧？

**答：**我当然知道这本书，也关注到这种言论比较多。我觉得是个理念问题，能不能判断外国记者有意识地找中国的茬，还是只是反映当时的情况和现象？我当时参加了一个小型论坛，大家都觉得，我们外国记者不是外交官，也不是公关公司，没有义务替某个国家辩论，但这个不等于“妖魔化”中国。说一些负面的意见，写一些不好听的文章，也不等于“妖魔化”。我们没有义务关心或者考虑两国关系是否会因为我们的文章而受到影响。

**问：**那个时候，这种讨论有结果么？

**答：**我觉得没有很明确的结果，但现在，这种“妖魔化”的理念已经被逐步改变，一些中国官员和学者在慢慢接受我们的想法。

**问：**你们的讨论还是小范围内的，普通老百姓恐怕很难知道。您觉得，近年来，外国媒体对中国的报道有何变化？

**答：**虽然也还有些限制，但近几年形式上的变化比较明显。发布会肯定比过去密集多了，老百姓也比较愿意接受采访了，交朋友比较容易了，建立信任以后也很愿意讲。报道的主题、内容也多元化了，因为我们比较容易出去采访了，不一定限于北京或上海，很多记者到全国各地去捕捉新闻，把各地一些故事讲出来。

**问：**嗯，报道的密度更加集中、题材更加多元，关注政治之外也非常关注经济、环保、农村等。但是，好像有两点没有根本性改变：一是依然以报道发展中呈现的矛盾、问题、缺陷为主，二是依然将很多议题与意识形态、政治体制挂钩。不知道，您是否有这种感受？

**答：**人咬狗才是新闻，狗咬人是正常的，没什么新鲜的，新闻强调反常，下意识地会反映出这种形象。我觉得，关键在于报道本身是不是平衡和公正，是不是能讲出负面和正面的东西，在一篇文章中能不能反映出两方面的看法和声音，我没做过很系统的分析。

作为一个记者，这种精神、理念是总的目标。我们是不是能够做到，是不是每次都能做到？可能有些报道负面的东西比较多，或者专门找一些中国的问题来报道，但他们在别的国家也都这样做。

**问**：从单篇报道来讲，能够做到客观和准确，但从整体来看，这些报道会让外国人对中国的认识形成偏见或某种刻板印象，很难建立真正全面、完整的图景。如果希望外国记者在“微观真实”基础上去做到“宏观真实”，是不是要求太高了？

**答**：太高了。我们以前的问题是，你想写个报道，讲一些问题，你的报道可能被认为是负面的，按理说应该把另一方的立场、声音发出来，但那往往是政府的看法，但政府的声音往往发不出来，因为政府不想说，甚至不给你回电话。所以，过去的问题往往出在这儿。我们也给中方官员说过这些，这些年，一直跟他们说，建议他们最好主动地发出声音。情况已经有所改变，他们已经开始做了。他们也意识到，“我们不能等”。你不能告诉我“明天答复你”，新闻要快。你今天不答复我，那你就放弃了，你就算弃权了。比如，关于布托被刺杀①，我想让中方（比如新闻司）给些反馈，这个不算负面吧，给他们打电话，他们答应给我们15分钟的专访时间，单独过去就开始拍。可见，他们已经开始掌握这个道理，更及时、更快地发布消息。这样的话，我们可以批评你，但我们也愿意给你说话的机会。

**问**：您本人对中国的感情可能很复杂，这个跟您的个人经历或许有关系。不知道，您对这个国家的看法曾经经历了怎样的变化？

**答**：30多年来，的确有很多变化。

**问**：当时作为青年代表来这个社会主义国家的时候带着很多浪漫的憧憬？

**答**：是的。我也会看到中国很多的问题，但我能欣赏很多的小变化。一些小变化、小提高，在外国人眼里算不了什么大事，尤其在他们国家是小事，但对我来讲，知道以前是怎么样的，就能欣赏近几年的小小变化。而且，我知道来得不容易，也还可能会倒回去。所以，对整个中国社会的变革，我是深有体会的。

**问**：有很多外国记者来华驻站一两年就回国了，或者轮值三四年就走了，他们的确很容易拿自己国家作为参照，以此来反观中国，会觉得很多天经地义的事情在这里变成了不可思议，违背了某些常识，自然会有质疑和批判的倾向。而您这么多年在中国生活，自然会有一种本土的、历史的比较意识。

**答**：看怎么衡量，这是glass，half full（一个杯子，一半满）。我觉得，一半是满了，因为我看过它曾经空空的样子，但很多外国记者看，还空了一半。

**问**：在这个变化过程中，您对中国感情有什么变化呢？

---

① 2007年12月27日下午，巴基斯坦前总理贝·布托在该国东北部城市拉瓦尔品第参加集会遭自杀式炸弹袭击死亡，终年54岁。

**答：**从感情上，看到中国熬过来很不容易，我还是很乐观的。而且，我觉得，在中国没有不可能的事，不能说“never”（从不）。70年代的时候，如果有人能预言到中国会是现在这个样子，那是不可能的。中国没有什么不可能。所以，作为一个观察家，我能想象的中国是有限的，从趋势来看，虽然有很多问题，但还是比较积极的。

## 我们要所谓的“容忍不完美”

**问：**据您观察，跟（20世纪）80年代相比，外国记者的中文水平是进步还是退步了？

**答：**具体到一些人，还是有进步。但因为人比以前多了，不一定有大的改善。特别是最近马上要开奥运会，派过来的记者非常多，这些人未必是经过训练和学习的中国通。有一部分人学过中国学，但又刚毕业，没有经验；有的是资深记者，但没有做过中国报道。

**问：**其实，相对报道框架而言，语言不是主要问题。就我观察，西方记者对很多具体问题的报道能遵从客观报道的基本范式，但报道中体现的对事实的理解，往往以自己熟悉的价值体系、意识形态等作为参照来进行判断。昨天，我们采访《联合早报》的记者，他也感觉，东方人和西方人的文化差异非常明显。

**答：**我在菲律宾长大，也经常回菲律宾。我的经历和以前的感受，对我看中国是很有用的。我的对照体系和其他外国媒体尤其是西方媒体很不一样。我看社会变革的水准，和他们也不一样。因为很多东西，中国和菲律宾对比很不一样，中国和美国、西欧国家对比也不一样。一样的事情，在报道中会有不一样的体现，所以，我们要所谓的“容忍不完美”。

**问：**可惜，像您这样能够“容忍不完美”的外国记者是少数。

**答：**恐怕是。这也是客观存在的。每个人出生的地方，社会准则、观念标准都不一样。

**问：**如果我是您，也许有时候会有一种困惑：我是亚洲人、东方人，有我自己熟悉的文化背景和地理意识，但我却服务于欧美国家的主流媒体，必须遵从他们的价值观念？

**答：**对。这是一种困惑，或者是一种矛盾。但是说到底，还是存在着一种普适于全世界新闻业的原则，不管我们的国家、种族、性别、宗教如何，我相信总有些东西是我们所共同追寻和共同遵守的。

# 对外国媒体的期待应该更现实点

## ——CNN驻北京分社社长吉米(Jaime A. FlorCruz)访谈

**问**：这两天，您也在组织报道南方冰雪天气带来的灾害。我们与一个英国记者交流，她很生气，说："你看这么多老百姓都滞留在广州，没办法回家过年，你们的总理还在接待外宾……"对这次灾害，您会怎么做报道？

**答**：我看过那样的场面，中国也处理过类似的危机，只不过今年比较特殊一点，因为两个因素：每年都有春运，都有特别挤的场面，每年也会遇到暴风雪，只不过今年两个正好交织在一起。我觉得，在世界上，只有中国能够有效处理这样的危机，如果在别的国家，已经开始闹事了，可能社会也不稳定了，群众开始发泄、砸东西或烧东西了。所以，我觉得没那么坏，局面还在控制之中。一个国家领导人见外国领导人，不一定因为这个就不见了。

**问**：是啊，昨天温家宝总理去了湖南，在长沙火车站抚慰滞留的乘客。

**答**：今天的报道，我们就突出总理向人民道歉，这个属于比较少见的做法。

**问**：我想，您恐怕能够理解老百姓面对危机时的容忍，也能够肯定政府解决问题的姿态和措施，这跟您多年的观察和体验是密切相关的。但如果新来的记者不了解历史、不熟悉中国，就容易下简单结论——老百姓如此愚昧，政府还在作秀。

**答**：对的。因为他们没有办法对比，对普通老百姓的理念、思想也缺乏深入了解，而且，中国政府的体制还是有能力从上到下进行动员的，能够依靠党、政、军等各种力量来解决危机。

**问**：如果没有真实的判断，何来真实的新闻？有时候，我甚至会想，一个印度来的记者，看到中国的春运，再联想到自己国家老百姓挤火车的情形，也会多些体恤。

**答**：没错。而且从人数、从场面上来讲，这个在世界上很难看到，几十万人、百万人，在那边待着，等着发车，等着回家，这是想象不出来，如果在别的国家已经骚乱了。

**问**：他们恐怕也难理解中国老百姓渴望回家、团圆的情感，为了合家欢聚，忍辱负重也值得。

**答**：肯定很多人也都烦，但可能在西方记者眼里，很难理解他们为什么还能容忍，为什么不反抗。这个也是文化的隔阂。某些是体制原因，某些是表面现象。

### 中国是幅马赛克，只能片片贴出来

**问**：西方记者报道中国，不可避免把自身的意识形态、价值观念、民族利益、个人经历等因素投射其中，整体上要求西方媒体全面均衡地报道中国，好像是mission impossible（不可能完成的任务）？

**答：**（笑）有可能。最近，我觉得中国可做的就是提供更多的信息、更多的方便给外国媒体，然后让我们多听听他们的声音，不光是政府的声音，还有中国人的声音，把这些声音能够写进去、放进去，已经算是很成功了。

**问：**是啊，如果不及时发出声音，给记者提供不同的消息源，等误解加深、谣言扩散的时候再补救为时已晚。

**答：**甚至我们已经不做这个报道，换到下个题材了。

**问：**对政府和官员来说，您的建议是行之有效、可以实践的。在这个过程中，如果要改变西方记者的看法，让他们也能像您这样换位思考、历史比较，恐怕太奢望了。

**答：**不容易，因为这也是客观的限制、客观的情况，由DNA定下来的，社会准则、文化背景、学术熏陶，这些都是不容易改变的。

**问：**这几年，CNN、BBC、《时代》都对中国做了专题报道，对改善中国形象、扩大中国影响起到了一些积极作用，但整体上还是以负面问题为主，对政治改革、意识形态的批判立场也普遍存在。所以，要让老百姓把“妖魔化”认知从内心深处驱除，恐怕还很难。

**答：**我想也是，但我们是不是应该把标准、目标或要求适当放低一点？我想，很多国家也没有free lunch（免费的午餐），从媒体来讲，没有一个国家或社会可以免费享受比较完美、好看的报道，可能这个比较现实。何况作为报道对象，中国对外界来说，很难理解，又大又复杂，历史又那么悠久。在北京看和在青海看不一定是一样的，很难判断出真理——一个基本的道理。很多人都是在盲人摸象，各有各的表述。我们报道中国，也有一点像这样的现象。

我在讲演的时候，把中国比喻成一幅画，一块一块拼出来的mosaic（马赛克）。中国是一幅马赛克，我们只能一片片地把它贴出来。我希望，我们的观众读者能一块块地理解、吸收，可能过一段时间，从比较远的角度来看它，才能看到轮廓本质是这样的。如果咱们看得很具体，一个一个报道看的话，可能就是一片黑，或者有的是灰色的，有的是白的、红的。

**问：**可能现在是灰的比较多，红的比较少。

**答：**我觉得，只能是这样的，和中国的变化也有关系，是不是客观反映也不一定。比较现实的目标就是，在我们的报道里面，把它看成是一片一片积累起来的一幅画。如果我们能够塞进几个颜色的话，就会好一点了，可以给我们的外国读者提供比较完美、准确——可能还不是全部——的概念，但这也很难。

问：这是比较理想的情况，既靠记者的专业素质和积极作为，也靠读者的全面接触和理性解读。当前，如果要切实改善中国形象、推进外国媒体的全面报道，除了您刚才提到的政府及时、主动发出声音外，我们还能做点什么？

答：把中国的门打开，全部打开，让更多的人亲自来看看中国、经历中国吧。作为旅游者，如果能亲自到中国看看，和中国人接触下，如果我们报道不准的话，他们能看得出来，会对比、会反映出来。包括一些编辑，我们是叫 gatekeeper（把关人），他们有时候定调子，指定某些文章或题目，如果也能经常来一下中国，感觉会不一样。我自己也有过经验，没来之前和来了之后，对中国报道的调子、理念、印象会有一些改变。《时代》一样，CNN 也一样。一是他们对中国的兴趣会更浓；二是他们会让你做更多、更广的题目，不像以前关心政治的偏多。如果他们能亲自来，认识中国人，会有一些改变。

问：那么，中国媒体又能做些什么？

答：中国媒体也要遵守公正、平衡的报道原则。如果只做一边倒的报道，或者太好，或者太坏，对中国不利，国际形象也会受到影响。如果中国媒体能提供比较完美、公正、平衡的报道，也会帮助外国媒体得到启发，或者能够反映在我们的报道里面。

问：比如《南方周末》、《三联生活周刊》或者中央电视台的《新闻调查》，这些深度报道媒体的存在正发挥着积极的优化作用。

答：我觉得是。我们能够看到中国媒体的多元化，能通过他们听到一些不同的声音、不同的角度，这样能平衡对中国的看法，能够反映在我们的报道里面，对中国也有利。

最好是踏踏实实地报道，最好是黑色、白色都能反映进去。这样，我们的观众、听众、读者对中国会多些理解，一些要求达不到心里也比较平衡，一些很负面的东西也不会太惊讶，如果中国继续往好的方向变化也不会觉得很离奇。我觉得，这样才好，如果我们外国媒体把中国美化或妖魔化，都对中国不利，对外界也不利。美化反而把目标定得太高了，达不到的；妖魔化，别人到中国以后也不会信你。

问：我曾经试图用一个词来概括境外媒体对中国的报道，既不是“妖魔化”也不是您讲的80年代的“浪漫化”，是不是“框架化”“多元化”之类的？英国《卫报》记者说，他觉得是“提供异见”。您觉得，什么词比较准确？

答：多元化（diversification）。外国媒体的类型多元化了，不像以前能派记者到中国来的，大部分都是西方媒体。近几年，有些国家开始派驻京记者，这也是很好的，能够平衡、多元化。欧洲、北欧，个别亚洲国家也开始派记者，包括印度、巴基斯坦、伊朗等。这是好事，这样的话，外国记者的声音也多元化了，或者观察中国的眼睛也多了。从题目来讲，比以前也广泛了，虽然现在还是有点 ever green（常绿），即一年中可以写得同样的几个题目，但是不像以前那样限制，也有所放宽了。

另外，中国的声音也多了。中国应该鼓励一些非政府组织，多跟媒体打交道，包括学者、记者、观察家，他们的声音可能比官方的声音更有说服力。如果我们外国媒体能够多接触这些人，他们可以把同样的东西说得更有说服力，他们的身份也能让记者放弃对宣传的反感。最近几年，开始有一些这样的人了，以前可能怕遇到麻烦不敢说。他们的观点比较容易用在报道中，最起码把中国多元的声音反映出来。我们以前主要做硬新闻的报道，现在喜欢讲故事，常用的做法是：捕捉一个具体的人、事，然后慢慢放大。

问：从具体场景、人切入，然后引出问题，进行分析，展现方方面面，最后意犹未尽的结尾，这种华尔街日报式的体例。

答：中国政府已经开始做了，培训各层次的官员尤其是媒体官员，邀请我去给他们讲，就很好。我主要是要告诉他们，外国媒体怎么做新闻，为什么这样做，希望他们能理解我们的需求，能提供一些方便。对他们来讲，很多问题出在不理解，他们想做的是宣传。我讲，要避免P这个字，就是propaganda（宣传），我们不需要宣传，也不接受宣传，你就提供方便，我们自己接触，可以如实反映。我们也劝他们，对自己的要求也不要太高，能够得到70%的正面评价就不错了，不要指望100%。

问：我听过一位学者搞新闻发言人的培训讲座，竟然教官员们怎样控制、忽悠记者。

答：我也告诉他们，你们做的一些宣传安排，一看就能看出来，你做得再好，我们一下子就能闻到P。我希望他们能接受这样的意见。如果这样的交流多一些，会好一些。我也相信，有些人理解不了，这种问题国外也有，所谓spin the news（编造新闻），把新闻引导到想要去的方向。

问：如果我们这本书能出版，既希望这些官员能够读到，也希望让外国记者看到，相信您的很多看法以及其他同行的思考、我们的总结，对大家会有启发。

答：我也希望通过这本书，让中国读者对外国媒体的认识、要求和期待比较现实一点。

问：就像您说的，要“容忍不完美”，不要过于苛责，不要简单地下“妖魔化”的结论。

答：嗯。

# 尽量站在中间的立场
## ——路透社中国首席记者林洸耀（Benjamin Lim）访谈

### 个人简介

林洸耀（Benjamin Lim），48岁，现任北京路透社社长，曾在菲律宾学习机械工程、在中国台湾学习中文。1984年，他开始为台北《英文中国邮报》工作，之后就职于法新社，1991年加入路透社台湾分社成为特派员，1994～2000年在北京工作，2003年至今常驻北京。

## 访谈实录

访谈时间：2008 年 1 月 30 日下午

### 尽量去反映“故事的双方”

**问**：在您看来，境外媒体对中国的报道，整体呈现的图景和真实中国之间有什么差异？您怎么看待西方媒体“妖魔化”中国的观点？

**答**：我个人觉得，大部分在华的外国媒体记者不会故意“妖魔化”中国。比如我，在菲律宾出生长大，19 岁开始讲普通话，我花了那么多时间、精力、金钱学习中文，对中国当然是有好感的，不然干吗学中文呢？不只是我和我的同行吉米①，还有很多西方来的其他记者——我不觉得这些人是来推翻中国共产党的，只不过是价值观不一样。

我举个例子，有些中国记者去记者会，觉得拿“车马费”（红包）很正常，甚至你不给他，他还会问你去要。我们会觉得，车马费怎么能拿呢？我拿了，明天公司知道了，我没工作了，太不划算。那你说中国记者错了吗？是百分之百地应该遭到唾弃吗？

**问**：对于红包，我觉得您的态度过于宽容了。从国际新闻界的职业伦理来看，这应该是很糟糕的事情吧？

**答**：当然。但我想说的是，很多事情都是因为文化、价值观不一样，有很多比拿“车马费”更糟糕的事。美国人、英国人来这里，当然是用他们的价值观来反观中国：咦，这个和我们美国、英国那边不一样……他只能这样子，没有办法去融入这个社会，除非他像吉米、像我这样，在这边待了十年二十年。

另外，有些外媒，比如 Radio Free Asia（自由亚洲电台）②，本来就是拿美国政府的钱，它和 Radio Free Europe（自由欧洲电台）是一样的意思。“自由之声”当年成立的时候，本来就是为了让东欧的共产国际垮台，那你说 Radio Free Asia 是干吗的？也就是让亚洲的所谓“独裁”或“共产”的政府垮台。所以，它的 agenda（议程）很清楚，功能也很清楚。

当然，我不否认外国记者可能有一个毛病，就是一窝蜂地上，这不是因为有

---

① 吉米·佛罗克鲁兹（Jaime A. FlorCruz），美国有线电视新闻网（CNN）驻北京分社社长。

② 自由亚洲电台由美国国会资助，于 1996 年开播，以私营身份出现，实际上隶属于美国国际广播局（IBB），并受它的控制。这一授意来自美国官方广播事务委员会——一个由有美国总统任命，并且朝野两党都支持的官方机构。

谁说“我们都一起来写这个新闻吧”，而是大家对新闻价值的判断可能一样。举个例子，食品安全，大家都觉得有意思，所以就一窝蜂去做了。那你说这是“妖魔化”吗？我不觉得。

就我们路透社来说，谁对我们最重要？读者，付我薪水的人对我们最重要。有一次有个中国媒体叫我去和他们聊，讲了半天，我只说了一句话：“你的定位是什么呢？”你如果是喉舌，那就什么都不用谈了。如果你要面对市场，你就不能有那套东西。这不是对与错的问题。

我一直觉得，新闻没有绝对的。你私人报社老板要支持共和党或民主党，这是你的自由和权利嘛，因为报社是你的；新华社、《人民日报》、中央电视台是喉舌，当然你就当宣传部门和政府的喉舌；而路透社是一个上市公司，又没有拿英国政府的钱，没必要替英国政府说话。那路透社是谁呢？全世界的很多银行、证券公司、期货公司、石油公司，这些是我们最大的客户，我们90%的收入来自财经新闻或资讯，那你说谁对我们最重要？

**问**：是不是因为您在路透社这样一家以客户为导向的媒体，所以，您的新闻价值观和其他一些西方记者的新闻价值观有所差异？不少西方记者会天然地认为“喉舌”是个糟糕的字眼，会以他们自己的价值观来评判中国记者的价值观。

**答**：我当然知道他们的价值观。可是，我们认为路透社一直是尽量中立的。那些策划“9・11”的，是“恐怖分子”吗？我们不用“恐怖分子”这个词，我们的文章里面没有“恐怖分子”。

**问**：你们用的什么词？半岛电视台的伊扎特①说他们用的是“所谓恐怖分子”。

**答**：如果发言人说恐怖分子，我就加一个括号，里面写恐怖分子。我们不能用“terrorist”，不能做界定，因为对阿拉伯国家10亿人来讲，这些人是英雄，我们凭什么来判断这些人是否恐怖分子？我们通常都会用“terror”这个词，“terror”和“terrorist”不一样，“terror”只是恐怖，让人害怕。这是我们通讯社和报纸不一样的地方。报纸有社论，有评论员文章，而通讯社没有这些。

**问**：我也注意到，您多次讲“路透社的最大特点是不提供社论，我们是中立的”。

**答**：我们不去评论是对还是错。很多问题都包括两边的利益和立场，如中国政府和达赖、大陆和台湾、民间和政府，对我们来说，这都是two sides of the story（故事的双方），我只能尽量去反映，去跟我的读者或顾客去说有这么两个事情。

关于拿红包，其实我也不赞成，但如果整个国家成千上万的记者都这么做，而我记者朋友那么多，我怎么去唾弃他们？难道就因为他们拿了红包，我就不和

① 伊扎特・舍赫鲁尔，半岛电视台北京分社社长。

他们交朋友、握手？就像杜勒斯①不愿意握周恩来的手一样？这也不对嘛。拿红包已经变成一种现象了，不是一朝一夕可以改变的。

问：对，已经不是一个潜规则，而变成一个普遍的明规则了。

答：这是游戏规则。回到你刚才的问题，我觉得，那些英国、美国的同事，虽然他们有些不是上市公司，但他们也有各自的读者，写东西也要符合读者想看的。

问：符合西方人的阅读逻辑和心理期待？

答：而且能被派到中国绝对是佼佼者。他们不会派一个初学者来。国外媒体，美国、加拿大、欧洲的电台、电视、杂志，派一个人来要花费很多，不仅仅只发薪水，还要搬家，租房子。

问：这跟中国在整个世界新闻格局中的战略地位也有关系，必须给予重视。

答：对，你在美国会派什么样的人去白宫采访？当然是你最棒的记者。同理，可能北京没有巴黎、伦敦那么舒服，但北京有精彩的故事。中国在崛起，读者也想看，而且到中国来可能会有补贴。中国曾经也是采访困难、生活不便的地区。当时，我一年的飞机票有四趟，一趟是回我的本国基地，三趟是去香港休息和休闲，因为这里什么都买不到。

问：这么艰苦的生活条件，大概是什么时候？

答：1949 年后一直到（20 世纪）90 年代末期。我是 1994 年才来的，因为我在台北住了 15 年。80 年代的很多西方记者和外交官的太太每周老在等什么呢？每个礼拜跑到北京饭店等飞机运过来的他们生活的必需品，比如火腿和芝士。

问：现在的外国记者生活质量跟那时候完全不同了，应该不需要再顾虑这方面。

答：但对报社来说，被派来的记者必须支付高一点的薪水，因为要考虑到把全家搬过来，甚至解决小孩的教育问题，一个用中文，一个用英文，除非愿意让孩子念中文学校，不然的话，整个的语言环境都是不一样的。他在这里念了三年五年，回国之后怎么接轨？

问：据您了解，来华的外国记者多少是从经济回报角度考虑的，多少是出于职业理想和激情？

答：我没有去量化 100 个来华记者有多少是反华反共的，没有统计，无法量

① 约翰·福斯特·杜勒斯，美国政治家，曾任美国国务卿，冷战史上的著名人物，他在 1954 年的日内瓦会议上拒绝与周恩来总理握手。

化。但不能否认，除了外派这种有资历的记者，还需要在当地雇员，有很多喜欢中国文化的外国人来到这里，然后被外国媒体雇用。

但很多媒体并不是有条件能够支付得起外派记者的，有些就会找当地雇员。当地雇员的经验比较少。所以，你没有办法去控制每个记者，也没有办法保证每个外国记者都是很有水平且能如实报道，也有可能100个里头有几个总是“唯恐天下不乱”。但是，总的来说，我个人觉得，如果会讲中文，除非真的被推到对立面，否则干吗要故意“妖魔化”？他有可能想写得精彩一点，让多一些人看。

**问**：很多外国记者来中国之前，恐怕对这个国家并不了解。

**答**：接着你这句话——我刚来北京的时候，对一些事情的底线也不知道。在台北的时候，看到的负面新闻有很多。现在，在这里生活了十年，知道有关部门是不会故意来打搅我。我还是中国人，虽然我在菲律宾长大，但我还是中国人，不然我中文也不可能那么流利，我做梦都是用中文梦得多！但对于一个西方人，比如意大利人、法国人来了以后，完全就是文化震撼，因为这是另外一种文化。就像我说的，我不否认可能会有个别外国记者会去“丑化”中国，但我们要倒过来问，他们为什么恨中国呢？是因为他们有优越感，还是因为他经历了不愉快的事情？所以说，并不能做太过简单的概括，因为每个事件都不一样。

## 作为外媒来说，批评是必需的

**问**：从对单个事实的报道角度看，西方记者可以做到事实的基本准确，但新闻从来不仅仅是事实本身，还必定包含理解和判断，涉及到对中国事件背后意义理解和评价时，很多西方记者习惯于用自己的价值观来理解事实，这种理解很容易偏离事实本身或脱离中国语境。所以，能像您这样理解中国的外国记者并不多？

**答**：可能这些记者的中文不够好。语言不仅仅是工具，更重要的是你能不能懂这里的文化。我们路透社的记者储百亮，他老婆是东北人，当然能理解中国的文化。CNN的吉米从1971年住在中国，到现在三十几年了。我在台北也住了15年，虽然南北文化不一样，但台北也是中国人的地方。

**问**：所以，我们不应该去苛求外国媒体全面、准确地报道中国？

**答**：只能去反映在中国发生的事情。我们将心比心地讲，中国的记者——新华社、中央电视台、《人民日报》——派到非洲某个国家，他也只能这样报道。当然，我们中国人比较憨厚，不会故意去嘲笑，但是人家非洲的文化就是那样，他能完全理解么？外媒的确有时候写尖酸刻薄的文章，可是他们在本国也是这样嘲笑他们国家领导人的。

**问**：您认为，他们采用的是同一种新闻生产的标准？

**答**：对。我不否认有些外国记者有优越感，但总体来说，我接触到的外国记者都算对中国有感情的。你讨厌这个地方，还待在这里干吗呢？

**问**：我们这次访谈接触的外国记者中，至少一半似乎都带着批判立场，尤其是对体制的批判。

**答**：作为外国记者来说，他们必须这样批评。如果我老板来了，问我在这边住得怎么样，我不能说我非常喜欢。如果我说非常喜欢，他就会想“是不是这小子以后该写的不敢写了？马上把他调走”。这个价值观是不一样的，中西方文化不一样。如果我老板来了，某个政府官员说：“嘿，我们和林洸耀合作得非常好。”完了，什么叫“合作”，我在和共产党政府合作？在他们的观念里头，怎么可以合作？合作是怎么样的合作？交代不清楚。

我觉得，我对中国有感情，没有必要装得很有原则。可是美国新闻记者的价值观就是这样：必须批判，如果没有批判，就不是“看门狗”而是“哈巴狗”了。这是光谱的两边，如果一边是敌对中国，一边是友好中国，我们只能在中间，尽量在中间，有的时候是中间偏友好，有的时候是中间偏敌对。我觉得，驻中国的外国记者有敌视中国的，但这只能是个别的。比如某个德国记者当年被驱逐出境，就可能痛恨中国，因为政府把他推到对立面以后他只能越走越远。

## 中国故事不再单一，而是越来越多元

**问**：您能不能和我们描述一下，这10多年来境外记者在中国报道的变化轨迹？

**答**：我虽然1994年才来北京，但当时世界对中国感兴趣的只有一条新闻——人权。那个年代中国经济也没有什么太值得报道的，所以大家有兴趣的新闻就集中在人权方面。

可是后来在变，到2004年为止，中国领导人讲宏观调控已经讲了10年，但是每次都没有什么影响。2004年，我们采访温家宝，温家宝又在说宏观调控。虽然我们已经听了几百次了，但还是觉得可能会影响财经市场，所以发了一条“alert”（警示消息），一行的篇幅而已。但这一行消息发出去以后，全球金融市场大跌。为什么呢？因为中国的经济力量、金融实力强大了。这次新闻对我来说好像一个“wake up call”（叫醒服务），让全世界知道中国的经济实力。

我不是往脸上贴金，温家宝那次是第一次把机会给通讯社。以前都是给报纸，上什么版、多大版面都是事前定好的。外交部发言人问我说：“怎么样，有几家报纸用？两家？三家？”我跟他说：“初步调查六十几家。”他在电话里惊叹道：“啊？”所以，2006年温家宝又点名让我们采访一次。我认为那个是“wake up call”，让全世界知道中国经济起来了。

从1994年到2004年，整个中国故事非常热。假设一个新华社记者到肯尼亚采访，他一个人怎么能和肯尼亚所有的报纸记者去比呢？他自然只能抓大放小。同理，我们也只能抓大放小。毫无疑问，1994年最大的新闻就是人权。到了1997年就变成十五大，1999年是“法轮功”、美国炸南斯拉夫大使馆、五十年国庆，2001年的最大新闻就是中美撞机事件，2002年就是十六大。

你看从1994年到2004年的每一年的重大新闻，不是人权就是政治。1995年是陈希同下台，1995年、1996年是台湾演习，1997年2月是邓小平逝世，1998年是克林顿来华，1999年的事情太多了，2000年台湾大选……这些新闻就算不是最重要的，也是TOP3，而且不仅仅是政治的TOP3，是全年新闻的TOP3。但到2004年以后，中国故事不是单一的了，而是多元了，但是多元了以后，你的时间有限资源也有限，你到底如何分配？有一个标准，如果是美国报纸的话，就是有可能得普利策奖的新闻。

**问：**美国记者会功利到这个程度吗？

**答：**这不是功利，这是导向，比如有关中国的报道得个什么奖，以后写书还可以畅销。

除了美国的普利策奖之外，亚洲也有自己的奖项，虽然名气没有那么大，而且只有美国媒体和美国籍的记者才有资格去竞争。所以，美国报纸很多都不是让国外了解中国，它要去考虑读者——它的读者并不止普通老百姓，可能还有全世界的中国通，可能还为美国政府、英国政府做决策的参考。而我们在中国的角色，更多地是让国外的人了解中国。在这个了解的过程中，有些人可能因为自己的价值观，可能因为自己的优越感而产生扭曲、扩大的现象，这我不否认，但总的来讲，我认为就是让我的读者更了解中国。

**问：**对很多中国人来说，西方媒体只提供信息、促进了解还不够，他们往往抱着期待，希望你们不仅了解中国，还能理解中国。这种理解包括两个方面：情感上的宽容，事实上的清楚，不只是“知未明”，还要“知又明”。

**答：**有可能，西方读者是知而不愿意去明白。

**问：**之前，我没有想到普利策奖会成为美国记者新闻选择的重要标准。但我想，他们不会承认吧？

**答：**我觉得不会不承认，普利策奖很重要。我们路透社分为亚洲、美洲、欧洲，这三个地方每周都要选出几个最佳，到每年总结的时候要选出那年的最佳，得奖对我们来说也是一种荣誉。我写了，不仅希望人家看，也希望人家鼓掌。

## 在中国，记者必须懂得如何做人

**问**：我很想知道您在新闻操作上的一些具体策略。比如说，您在很多地方做过时政报道，比如在菲律宾、在我国的台北，那么在北京做时政报道，有什么特别体会？

**答**：比较难，应该说很难。虽然台湾也是中国社会，但台湾很开放。比如我已经采访了国民党，就必须采访民进党，两边都愿意和我谈，去阐述自己的观点。所以，政府拉拢记者、公司拉拢记者很正常，只不过我们不能选边站。但在大陆，难的地方在哪里？很多官员会觉得多说多错、少说少错、不说不错，于是就不愿意讲。不愿意讲，外国媒体报道就只有片面之词，没有办法去阐述政府立场，即便其实我们想做的是尽量平衡报道——两边意见都有的报道。

**问**：于是，导致政府这边失去了表达的声音？

**答**：对啊。所以，我说在大陆做新闻更难。但不同之处在于，大陆的一条小新闻在国际上可能是一条大新闻，如果在其他地方，重要性就没有那么大。所以，对中国大陆，我们更为关注。

**问**：如果消息来源少，您如何对时局形成准确把握？当年小平逝世的时候，路透社最早报道了这个消息？

**答**：这个不能这么说。应该说路透是第一个报道的外国媒体。曹景行当时在香港传讯（台湾中天前身），传讯是最先报道的。

**问**：有报道说，您是根据中央电视台晚上某个楼层灯火通明的异常现象（看到有人不停走动），估计出小平逝世这个重大新闻，然后抢发的？

**答**：不是。我们做新闻不能揣测，最怕的就是揣测，不能只看到灯火通明，就怀疑是不是有人死了，不能这样去猜。那天，其实我们早就已经安排好了，那时候有 BP 机，只能到公共电话厅去打电话。我提前拜托好朋友，如果小平去世，他们就打我电话，而不用讲话，比如 65321111，我一看号码就知道了。如果号码是 65322222，我就知道是另一个人打的。这些都是非常好、非常铁的朋友，敢冒这个风险告诉我，然后，我要找公共电话再问下细节。所以，不是只看到中央台的灯光就知道这个信息的。

**问**：您在中国是如何建立消息源的，尤其是这么铁的关系？对新记者来说这太难了。

**答**：人家为什么要帮我？我又不是长得帅，又不能给钱，我要问我自己人家为什么帮我。我跟记者朋友聊天的时候经常说，做新闻最重要的是做人。我觉得，在中国这个地方你不能不懂做人。当然，做人这个题目还是太大了，但是做人必须正确对待人家。举例说，我和你约礼拜六，然后我迟到了，人家当然觉得我不正确对待他了。不管什么原因，迟到都没有理由，你要尊重别人。所以，我说“做人”两个字很重要。

## 我们没有义务去教育老百姓

**问**：有些读者会有种印象：外国媒体对中国政治、民主和意识形态的东西特别感兴趣。《三联生活周刊》王小峰在一篇文章中①说：“如果让老外记者不报政治，他们就会憋死的。”这样的观点，您怎么看？

**答**：我不赞成。我那天采访李连杰，写了有关他的慈善活动，这个也算正面新闻吧？和政治无关吧？

**问**：不完全对，是不是也意味着，他点出了部分事实？

**答**：我们写经济算政治吗？写环保算政治吗？写卫生、娱乐、体育算政治吗？奥运期间，我们进来300人全部都是体育专家，难道都来写政治吗？

有一次，有个实习生跑来问我，你们怎么一天到晚报道中国的负面新闻，我只是不好意思跟他说：这样好了，你来当总编，你来跟我说，路透社今天怎么报道中国的新闻。我觉得，每一个媒体都有自己的价值观，外国记者、白种人可能会去嘲笑新华社、《人民日报》，我不会。但我不觉得，这些人能够来跟我说路透社应该怎么写新闻、怎么来报道。你如果想做正面的新闻，没问题，你可以去新华社、人民日报。你没有办法认同路透社，你就不要来路透社。我不可能为了一个实习生来改变路透社的报道方向，改变路透社的价值观，对我们来说，正面的新闻还是负面的新闻不是重要的，重要的是它是否是新闻。

**问**：世界的确需要不同的声音。我还看到您在网上说过，“路透社不要做意见领袖”，是吗？

**答**：我没有这么说过，很多网上的东西都不可信。我没有说路透社不做意见领袖，我只是说，我们没有义务去教育中国老百姓，我们也没有必要去一字不漏地记下所有的事情。意见领袖是一个太大的议题。我不知道是哪个记者采访我，我说了这句话。其实我只是说，我们没有社论，没有评论员文章，没有义务去教育中国老百姓，他就把我这句话转化成“不做意见领袖”了。

---

① 王小峰，《三联生活周刊》记者，详见其文章《关于me时代的题外话》。

问：这恐怕是记者对你意思的一种解读。

答：可能他在里面加入了自己的意见和解释，这样也没有错。这里可能牵涉到另外一个话题，中国人写新闻从来不加解释，因为老师教他们时不要加入自己的解释，只写事实，让老百姓自己去想。我的实习生、记者刚进来的时候都跟我说，学校教我们的时候不能加解释。但从我们的角度来说，我们的读者不一样，你替中国人写，你认为中国人看了就知道，但我的读者有非洲的、美洲的、亚洲的，他们不一定知道这个新闻的意义是什么。如果我写一个爱尔兰的新闻，讲竞选人 A 打败竞选人 B，你觉得有意思吗？会去看吗？我们的写法就是 A 打败 B，这个的意义是什么，它的含义可能是和英国的关系会更坏或更好，我就会找学者来说这句话。如果没有人敢说这句话，我就会去找国外的学者来采访。

问：您刚才也提到了奥运期间外国记者在华采访的新规定，我们也注意到，这个规定颁布的当天，你们路透社在北京和呼和浩特同时发文，一方面去报道这个新政策，另一方面又以自己的行动去验证这个政策是否落实。

答：这当然是个试探。发布了这个规定，难道不需要去实践吗？共产党说了，“实践是检验真理的唯一标准”，当然就要去实践、去试试看。

问：这个规定实施之后，路透社会在北京扩大人员规模吗？

答：奥运期间会，特别是接近奥运的时候会扩大人员规模。

问：您觉得，以后的趋势会怎样？我们这次采访很多外国记者，有的认为奥运之后会倒回去，变得更紧，也有的认为“开弓没有回头箭”，只会越来越往宽松的方向走。

答：我同意后者，这是无法逆转的。英国有个国王在海水来了以后想用桶把海水倒回去，不可能，这个就像海水一样，冲过来你怎么办？抵挡不住的。

# 我感兴趣于中国现实中的张力

## ——《华盛顿邮报》驻北京记者 Edward Cody 访谈

### 个人简介

Edward Cody，《华盛顿邮报》驻北京记者。加入邮报之前，Edward 先后任职于《夏洛特观察家报》、美联社，在纽约、新德里、贝鲁特及巴黎等地进行新闻报道工作。他毕业于美国华盛顿州斯波坎市的贡萨格大学，在哥伦比亚大学新闻学院获得硕士学位，并曾在佛罗伦萨大学及巴黎大学学习。

## 访谈实录

访谈时间：2008年2月2日上午

### 最困难的是和最近的新闻更新保持同步

**问**：能简单概括下您对中国的评价吗？我们想知道，这种评价跟您做新闻之间的关系。

**答**：我所从事的是新闻事业，所以，我不会评价中国。我关注的只是新闻，报道中国是我的工作和任务。

**问**：有些记者告诉我们，他们是出于对中国或中国文化的兴趣才来这里的。

**答**：我不是。来这儿当记者前，我来过中国好几次。第一次是1993年，1995年再一次来，并且待了几个月。

**问**：对初来乍到的外派记者而言，有什么可以快速了解中国的方式和途径？

**答**：这不仅仅是对中国，对所有其他国家也一样。你必须到处走走，不能只待在北京，必须走出去，去发现那些任何令你感兴趣的东西，和事实做交流。不能只相信周围人告诉你的，而要到实地去亲历。

举例来说，如果要报道2008年的雪灾，你不能只从北京的相关人员，比如天气预报员那里得到信息。在这种情况下，你最好去广州，因为数万人被困在那里。你必须走到实地，亲眼目睹、亲身经历。

**问**：从1993年到现在，15年过去了，您对中国的印象有没有改变？

**答**：我认为中国每天都在改变。给我印象最深、最明显的改变就是经济的飞速增长，这和以前比简直有天壤之别，特别是在城市里，人们去饭馆吃饭，购买私家车、商品房等。在1993年，这些都是不可能的。那时候，街上最常见的是自行车，几乎看不到轿车，而现在，满眼都是轿车。所以，现在这样有目共睹的繁荣景象是最大的改变。

另外一个巨大的变化是，中国大众能够更多地接触到外来信息。虽然现在有条件上网的还只是中国全部人口中的一小部分，也不是所有网民都每天挂在网上，但是，更多的中国人可以通过网络了解外面的世界，另外，还有旅行、留学等方式。总之，中国公众越来越了解外部世界，而不仅仅局限在对自己国家的认识上。

问：总体上，您每年大概会写多少篇报道？

答：这有很大的变数。有的文章需要花很长时间才能完成。一般情况下，如果按照一周两篇来计算的话，每年大概100篇报道，不过这只是相当粗略的估计。

问：您在中国做报道，这个国家又如此之大，哪方面的题材最让您感兴趣？

答：我最感兴趣的是一种张力。一方面，政府努力地发展经济，国家向更繁荣的方向发展，百姓生活因而得到更好的提升；但另一方面，政府又在很多方面施加控制，比如对游行、对艺术的审查等。一般情况下，当大众具备更好的发展条件、受到更好的教育之后，就更加不可能心甘情愿地听信政府官员的言论。如果一个人有能力开办工厂，开创企业，或创立学校，他们很有可能比政府里某个普通的工作人员知道得更多更好，那么他们凭什么要听从于后者呢？所以，我觉得中国的现实中存在着这样的一种张力，这是我最感兴趣的地方。

问：我注意到您很关注中国的舆论监督问题，并且写了一些相关文章。为什么？

答：那是去年的事，我写过一些这方面的报道。当时，我做了一些调查，有关新闻审查以及处理信息的方式。我觉得很有意思，这也牵涉到我刚才讲的张力的问题。

问：那么，您在中国进行新闻报道时，碰到的最大困难是什么？

答：最困难的就是和最近的新闻更新保持同步。在这里，要获取信息相当困难。在其他一些国家，比如法国、意大利，或日本、韩国，只要打开报纸或者电视，就可以随时知道有什么最新的新闻。但在中国，需要通过其他途径才能获取信息更新。所以，我前面提到要走出北京，尝试发现究竟发生过或发生着什么事情。

问：不少外国记者会提到语言困难，或者文化差异，您不这么认为？

答：每一个国家都有不一样的地方，这当然是个问题，但最大的困难还是信息的可获得性。

问：解决之道只有您刚才提到的走出北京、实地考察？

答：最近对我们帮助很大的一个方法就是很多人会在网上发布信息。新闻界不会告诉我们太多，很多人把信息发布在网上。当然，网络审查会把这样的信息删除，但有时候，在信息被删除之前，可能其他地方有了转载，这都是非常快的。当然，这些信息并不完全真实，很多时候甚至是错误的，因此我们需要亲历现场去考证。无论如何，这些信息都是很好的提示与暗示，是我们跟进的线索。

## 专业记者要有不受干扰的能力

**问**：您在中国做报道，主要的新闻来源有哪些？

**答**：很重要的一个信息源是网络。另外，官方发布的通告可能提供有价值的线索。比如，某个事件发展到一定规模或范围，政府不得不做出反应，他们一般会发表官方声明。这些声明至少给我们一个信号，有重要的事情发生了，于是我们可以自己展开调查，发现事情真相。但我们最主要的信息源还是网络，虽然从网络上不可能得到事实真相，但至少可以给我们一个大致的概念：真相可能是什么样子的。

**问**：经常会去哪些网站？除了网站以外，有些西方记者提到，他们会从中国同行那里得到有价值的信息。

**答**：我们会去很多网站浏览。在我来中国之前，我认为记者会是很有用的一个资源，因为在其他国家里是这样的。但来了之后，我发现事实并非如此——中国记者常常害怕丢掉自己的饭碗，不太情愿跟我们多联系。我们外国记者不像他们那样有很多规定需要遵守，帮助我们很可能会给他们自己带来麻烦。有时候，的确会有中国记者给予我们很大的帮助，但绝大多数情况下，他们不会给我们提供太多的信息与帮助。

我觉得，中国记者的问题在于，他们在学校里学到一套新闻理论，然后走出学校，走上工作岗位，却发现现实和他们学到的完全不一样。所以，一段时间之后，他们需要做出选择，是适应现实的体系，随波逐流，还是冒着丢掉工作的危险，跟体系抗衡，或者干脆放弃，到其他领域另谋高就，来躲避这样的矛盾。

**问**：您接触过的中国记者，对他们如何评价？

**答**：他们有自己的生活，也有自己的家庭。看看中国的报纸，你就会知道，中国记者的报道是什么样的。不过，在中国读报的人也很少。我们有自己的研究员，要费九牛二虎之力才能说服他们读报纸。而网络的问题在于：观点太多、良莠不齐，很多报道未经证实，一半是真的，一半是假的。

**问**：在中国每天发生很多事情，您以什么标准来选择新闻，做或者不做？

**答**：这是判断的问题，我需要判断什么是最有趣、最重要、最具揭示性的，什么是值得关注的。同时，选择合适的切入时机也非常重要。比如，2008 年初的这场雪灾，已经持续一个多星期了，那么，这个报道什么时候写是很有讲究的。灾害天气本身并不是最重要的，事故发生后牵涉到其他很多方面，如政治，温总理到湖南这件事，更加具有新闻价值。什么时候写、从什么角度写这个故事，都很有讲究。

问：所以，您主要是根据自己的经验做判断？

答：是的，经验、智慧等等。

问：您认为自己是专业记者吗？

答：当然，其他我什么也干不了。“专业记者”这个说法有好几层含义，可以指记者是我的工作，是我谋生的手段，也可以指我用一种专业的态度对待记者这个工作，按照记者该有的工作方式工作，而不听从任何人的指使。

我干这一行已经很久了，我觉得，最重要的是有不受干扰的能力。在调查采访的过程中，会有成千上万的细节，但一定要保持清醒的头脑，对最重要的主线了然于心并始终坚持。很多年轻的记者容易受到干扰，比如被采访对象天马行空的回答搞晕了头脑，或者被政府的官方辞令牵着鼻子走。

问：您能谈谈对深度报道的理解吗？

答：我希望每一篇报道都可以深入，当然这是不可能的，只是一种理想情况。有观点认为，新闻仅需要告诉人们发生的事实，言简意赅的叙述就足够了。有的情况下，这是必需的，因为新闻需要保证时效性。但是，作为驻外记者，好处之一就是不需要报道每一件事情，而只需要选择一些最有价值的，因此，我们有时间去展开调查，使报道更深入。

问：怎样给“深度报道”下个定义呢？

答：发现事实的全部真相，而不仅仅是道听途说的所谓“真相”。但要发现事实真相很难。

问：要发现“全部”的真相，的确困难。一般情况下，如何保证自己的报道是准确和客观的？

答：准确，就要找到掌握第一手信息的人。客观，对我来说，不是个问题，我的报道都是客观的。但问题是，怎么发现事实的真相。信息在接力的过程中可能发生偏差或缺失，而且每个人有自己的立场与观点，他们从自己的角度看待问题，往往得出不同的结论。一般老百姓不是记者，他们对待信息没有那么谨慎，所以，即使你的采访对象没有想故意欺骗你，而是想要尽可能地帮助你，他也可能给了你错误的信息或者偏差的信息。另外，有些情况下人们很犹豫，会因为这样那样的原因而不情愿告诉你有价值的信息。这些才是困难的地方。

问：您是否觉得，除了给出大量真实准确的报道之外，您有责任告诉读者关于中国的宏观全景？微观真实往往容易做到，怎么保证向读者提供宏观真实？

答：在这个方面，我们一直在努力，但并不是总能成功。在我们报纸有这样一个习惯，就是自问“那又怎样”。比方说，你在写一篇报道，三四段的事实描述之后，你就应该问自己：“那又怎样？”并试图回答这个问题，这就是你说的宏观层面的问题。虽然并不是总能成功，但我们一直努力朝这个方向努力。

## 西方媒体和中国媒体是两个体系

问：有的外国记者告诉我们，他的个人意见有时候会和总部编辑的意见起冲突。您会有这方面的困扰吗？

答：没有。他们对我们很信任，不然也不会花那么多钱把我派到这里来。在外国派驻一个记者是很贵的。

问：您在新闻报道中会有“自我审查”吗？

答：没有。

问：有外国记者告诉我们，基于实际情况，有一些话题是他们不会触及的，他们知道政府能否容忍的底线在哪里。您有吗？

答：没有，那样是对我的读者的不忠诚。

问：很多中国公众对西方媒体的报道有种看法，认为对中国现实有所“妖魔化”，您怎么看？

答：我觉得这是两个系统，两种行为方式的问题。中国的新闻界受政府管理，代表政府声音是中国媒体理应扮演的角色，但我们西方媒体不是这样，我们的理念是挑战官方的言论。这与中国媒体的做法几乎是完全相反的。比如说，布什总统说伊拉克那边一切顺利，我们的工作就是派记者到伊拉克去报道真相，告诉人们“事实不是这样的”。所以，当我们在中国报道了一些负面现实的时候，人们会不高兴，这可能是这种“妖魔化”想法发生的根源。

问：其实，我们也经常可以听到一种批评，说美国记者总是自诩保持质疑政府的立场，但在伊拉克战争中，却充当了政府的“传声筒”。

答：现在回头看，当时的记者的确是没有尽到记者的责任。但是，他们当时并不是被迫这样做的，只是很愚蠢地犯了错误，并没有受到政府的审查或控制。

问：无形的审查或有形的审查，实质上都是控制，西方记者如何在国际事务报道中，也能够充当国内事务报道的“守门人”角色？

答：记者没有尽到职责、没有做好工作，并不代表他们不想尽责或者他们不想做好工作。比如说，人们常常会提到越南战争中媒体影响力的巨大，最终，很大程度上是由于媒体的作用，战争结束了。可是，在战争之初，情况不是这样的。战争刚开始的时候，媒体也基本上相信了政府的言论，就像之前在伊拉克的情况一样。后来随着事态的发展，人们意识到事实不像政府说的那样，因此开始改变报道的方式，就像现在对伊拉克战争的报道也有所改变一样。当然，改变的过程需要时间。记者们并不都是天才。

**问**：所以，您觉得他们在战争初期被政府“耍”了，而他们始终对被利用保持警惕和反省？

**答**：完全正确。举个例子来说，伊拉克战争的导火索是核武器。政府说他们有证据，并且出示了证据，说伊拉克有大规模杀伤性武器，人们相信了。但是最后事实并不是这样。当时，记者也相信了，相信错了，但他们并不是知道事实真相而故意给出错误报道的。

# 用阿拉伯的眼睛看中国
## ——半岛电视台北京分社社长伊扎特·舍赫鲁尔访谈

### 个人简介

伊扎特·舍赫鲁尔，巴勒斯坦人，现任半岛电视台①北京分社社长。1981 年，进入北京语言学院学习。1982 年，进入沈阳中国医科大学，后放弃医学转向外交和新闻。1987 年，他被巴勒斯坦政府派驻朝鲜。1990 年，被派驻老挝。1992 年派回北京巴勒斯坦大使馆，工作十年，曾任一秘兼新闻官。

① 半岛电视台，英译“AlJazeera”意为“汪洋中的自由小岛”，没有“半岛”的意思。1996 年 11 月，卡塔尔王室斥资 1.37 亿美元，网罗阿拉伯世界精英创办半岛电视台。2002 年 7 月，半岛成立北京分社，成员包括 3 名中东人和 1 名不会阿拉伯语的法国人。2001 年 10 月的阿富汗战争和 2003 年 3 月的伊拉克战争使半岛电视台在全球的受关注程度飞速飙升。资料来源：夏榆《言己之言　客观独立“CNN 是美国的半岛电视台”》，《南方周末》，2004 年 11 月 12 日。

## 访谈实录

访谈时间：2008 年 1 月 28 日晚上

### 半岛电视台就像是孤立的自由岛

**问**：多数中国人对半岛电视台并不熟悉。我记得您在一次采访中曾说“半岛”的翻译本身就是错误的，大家始终记得那个“半岛”，以为是阿拉伯半岛，其实在阿拉伯语中的意思是“汪洋中的自由小岛”。这个词的原意与半岛电视台的口号“意见与异见”真是高度契合啊。

**答**：你说得非常对，很多中国人对半岛电视台不是很了解，就算了解的话也带有一点误解。但是这种误解比以前好多了，可以说基本上不存在了。在这个过程中，我们经过了一个很艰苦的奋斗，使人们改变了对半岛的看法。

就像你刚才所说，半岛电视台有自己的原则。新华社在翻译的时候，可能犯了一个错误，它看我们是阿拉伯半岛出来的电视台，就把它从岛屿翻译成阿拉伯半岛。但我们不是半岛，而是一个全岛。那么，这个名字出自哪里？你知道我们也和很多第三世界发展中国家一样，一直没有媒体自由，半岛电视台就像是孤立的自由岛，在一个没有自由的大海里，是一个孤岛。所谓“意见与异见”也是同样的道理，我们希望在媒体上听到的不是一方的立场，不是官方的立场，或者故事的一部分。我们阿拉伯世界 50 年来从来没有习惯听到“他者”的异见，即官方之外的声音，我们一直听到的都是官方的声音。

电视是一个大众媒体，它的特点就是跟大众生活的贴近性。半岛电视台在阿拉伯世界引发了一场媒体革命，它报道了一些以前从来听不到或者不能说的事情，包括宗教、妇女等问题，引起了整个媒体观念和工作的变化。

**问**：我想知道的是，为什么阿拉伯媒体的格局长期都没有改变，而 1996 年，为什么这个时候诞生了半岛电视台？是历史选择了半岛还是半岛创造了历史？

**答**：我认为有好多因素。一个比较重要的原因是，虽然 50 年来我们没有这样的媒体，但是做这样的一个媒体是阿拉伯记者们的愿望或者梦想，只是他们没有机会，或者找不到机遇来实现梦想。阿拉伯一些比较有水平的记者曾在西方一个阿拉伯语媒体工作①，这个媒体原来是一个中东国家出资赞助的，因为它们做了

① 1996 年，沙特阿拉伯卫星广播电视局因为 BBC 批评沙特阿拉伯内政而中断了和 BBC 阿语电视部的合同，后者随后拆散。此时，半岛电视台正在筹建，并网罗了失散的大部分 BBC 阿语电视部人才。来源：安替《半岛电视台北京分社全揭秘》，《21 世纪环球报道》2002 年 9 月 15 日。

一些这个国家有关的敏感报道，这个国家就封杀了这个台，迫使它关门，让记者们都失业，那些记者都拥有丰富的经验。也就是在那时，那些记者把他们的梦想和愿望带到了半岛电视台。

刚开始的时候，这些记者也许没有想到半岛电视台能那么快地成为一个国际性的媒体，但是他们有自己的优势：第一，他们的经验；第二，他们的愿望——对他们说，来半岛不仅是获得一份工作更是创建一份事业。他们原来在 BBC 工作，发挥的也不是百分之百的能力，现在卡塔尔政府给他们创造了条件，提供了特别大的自由空间，他们在半岛电视台发挥的作用特别大，也实现了以前不能实现的新闻理想。

**问**：如果说这十多年来半岛电视台给阿拉伯世界的媒体带来了一场革命，这种革命的意义到底是什么？它所引起的变化到底有哪些？

**答**：你可以看到，现在的阿拉伯世界，不管是对官方，还是对一般的老百姓，半岛电视台都扮演着不可缺少的角色。有一些国家对半岛电视台进行制裁，比如不允许放广告，不允许本国老百姓收看半岛的节目，但在我们的一些对话节目中，这些国家的老百姓打电话来问一些问题。这可以说明：第一，他们的制裁对半岛电视台无效；第二，有些时候这些国家的首脑访华，他们住在钓鱼台国宾馆，当天就打电话给我们办事处，问在钓鱼台国宾馆怎样接收半岛电视台的节目，这也说明虽然他们对我们进行了一些制裁，但是也想看我们的报道。

**问**：到目前为止，在阿拉伯世界，半岛电视台扮演的角色还是独一无二的吗？你们的新闻实践会不会让原来的一些官方媒体也发生了改变？

**答**：你可以看到，半岛电视台在阿拉伯世界是收视率最高的电视台，比如约旦人、埃及人看半岛电视台比看本国电视台要多得多。中东是一个很重要的地区，美国为了影响半岛电视台，在这里成立了“自由频道”、“自由台”，还有一个广播电台，花了不少钱，但是没有成功。沙特阿拉伯和阿联酋也成立了阿尔迪尔电视台①。但是通过现在一些比较独立的观察发现，半岛电视台作为收视率第一的电视台，与收视率第二位的电视台相比，领先的差距比中国的贫富差距还大。

**问**：为什么新出现的电视台没有办法挑战半岛电视台？主要原因是什么？

**答**：因为媒体自由的空间越大，越容易成功。那些电视台成立是为了政治的目的，需要考虑要让给它付费的那一方满意，因此会影响报道的客观性。另一个原因是50年以来，我们的老百姓已经厌烦了政府对媒体的严格审查，所以他们一知道这个媒体是什么国家支持的，就失去了对这个媒体的信任，他们就不看了。

---

① 阿尔迪尔卫视（ALDEER TV），原阿联酋国家电视台，曾与半岛电视台用同一卫星转播电视。2006年被中国裔阿联酋人王伟收购，同年8月1日起更名为“阿拉伯·阿里巴巴商务卫视”（ALIBABA BUSINESS TV）。来源：彭婷婷《8月1日开始，21个阿拉伯国家将看到中国功夫》，《人民日报·海外版》2006年7月14日。

**问**：可是，半岛电视台也有卡塔尔政府的支持，难道卡塔尔政府的利益不会影响半岛电视台的客观？

**答**：因为这些记者开始的时候就与卡塔尔政府有一个文字性的条约：虽然你们给我钱，但是你们不能插手我们的新闻理念。我认为，卡塔尔政府也非常理解，虽然它没有插手半岛电视台的新闻理念，但半岛电视台已经成为卡塔尔在世界舞台上的指南针。

**问**：也就是说，卡塔尔政府虽然没有直接获得好处，半岛电视台的作为却已经提升了卡塔尔的国际地位。

**答**：对，你看很多很大的成功都是因为半岛电视台而来的，以前没有很多人知道卡塔尔，现在你一提卡塔尔就知道半岛电视台，一提半岛电视台就知道卡塔尔。

**问**：半岛电视台变成了卡塔尔的名片。

**答**：对，现在卡塔尔通过半岛电视台不但开始发挥地区性的作用，还开始发挥国际性的作用。

## 西方媒体所说的媒体自由是一句空话

**问**：那么，半岛电视台核心的新闻价值观到底是什么？

**答**：我认为有很多原则，但最重要的是，我们提供的是新闻而不是宣传。做新闻的话首先必须客观、中立：我可以承认我做不到百分之百的中立，也没有任何一个媒体能做到，但我可以尽百分之百的能力试图做到中立；第二，做大部分新闻的角度要特别接近老百姓的立场。比如有地区发生大规模的战争，死伤很多，这对国家电视台而言不是新闻，他们国家的国王或主席给那个国家的总统发哀悼信就是新闻，而这对我们来说不是新闻；再比如南非前总统曼德拉被关押25年后从监狱里解放出来了，对国家电视台不是新闻，但他们的总统或者国王给他发一个祝贺信就是新闻了。所以，我们把国家电视台这种新闻操作的角度180度地转变了。

**问**：在你们看来，宣传不是新闻，而且，必须强调新闻对受众的贴近性。

**答**：对。再看别的国家，比如中国开两会的时候，两会是一个很重要的事件，半岛电视台不会用室内的画面、室内的镜头或者两个领导互相说话什么的。做两会的新闻报道，如果两分半、三分钟的两会消息，会议画面我可能只用5到10秒或者15秒，当他们谈到农业、农民问题时，我们就用到农村去拍的一些离老百姓特别近的画面。这也是半岛电视台成功的一个重要原则。

问：总是要从公众的视野、公众的需求角度出发去做新闻。

答：对。我说的公正和客观是相对的概念，比如最近的加沙问题，我看到网络、报纸、电视上写了很多关于半岛电视台怎么报道加沙问题的文章，很多人提到，半岛电视台在这个问题上不仅是一个做新闻的角色，也是一个发挥作用的角色。这个事情，不完全是职业性的报道，这个问题需要从人道主义的角度来看，你必须参与进去，虽然是跟你的职业原则相反，甚至有矛盾，但一提到人的生命，你就没有办法不理会。

问：半岛电视台强调自己不是用西方的、主流的、美国的眼光来观察阿拉伯世界，而要用阿拉伯的眼睛来观察我们自己，具体如何解释这种眼光？

答：也不单是这个，特别是伊拉克战争以后，有很明确的争议。所有西方自由媒体一点都不自由，包括美国和英国的大媒体也有政治的概念——被政府操控。

问：一些美国的媒体和学者也在反思，为什么一直强调要质疑、批判、监督政府，但一到战争时期就放弃了"看门狗"的角色，变成了政府的"传声筒"。

答：对，伊拉克战争、阿富汗战争给了一个很明确的证明：西方媒体所说的媒体自由是一句空话。

问：或者说是一个幻象？

答：西方媒体的政治目的一直存在，战争时期的问题更加明显。我给你举一个简单的例子。六方会谈的时候，我每一次看西方媒体报道，"today，six parties talk on North Korean nuclear issue（今日，六方就朝鲜核问题展开对话）"，或者写"six nations（六个国家）"。你看，那么短的一句话，有多少个矛盾？第一，他们不是"six nations"，他们不是六个民族，他们是五个民族、六个国家，为什么用nation[①]而不是用国家或党派呢？可以给你一个解释作为参考，他们想告诉你韩国朝鲜离得特别远，他们不是一个民族。第二，朝鲜半岛无核化不仅仅是朝鲜无核化，而是整个朝鲜半岛都无核，他们为什么只强调朝鲜？这里面就有政治目的。如果我做一个专业性的报道，会议的目的不是单独为了朝鲜核问题，而是为了朝鲜半岛。

问：您很强调西方媒体报道背后的政治目的？

答：这个问题特别明显，它们的政治背景一直存在。

---

① Nation的意思为国民的，民族的，国家的，全民所有的。见《牛津高阶英汉双语字典》，商务印书馆。

**问**：很多时候，新闻与政治之间是如此紧密，甚至难以分割。比如，我们把问题回到半岛电视台，半岛强调自己要客观报道，但半岛的报道也可能会让公众产生误解：它是反西方的、反美的。这种理解，您觉得对吗？

**答**：我们的出发点不是为了拥护谁或者讨伐谁，或者让谁高兴还是不高兴。我们有一系列的规定来判断我做得对还是不对。有很多人认为半岛是反美的，也有很多人认为半岛是很公正的，有人认为半岛是和基地组织在一块儿的，而基地组织又认为半岛是反对他们的。如果这样，半岛电视台就不只是在提供信源，自己也变成信源了。

**问**：说到基地组织，不妨举全球关注的本·拉登接受半岛电视台采访的例子吧，这也是半岛影响力扩张的重要事件。从新闻平衡报道的角度讲，本·拉登也有通过新闻发布自己声音的权利，但在美国主导的全球舆论下，或者从您刚才讲的人道主义理念来看，很多西方国家，也会批评说，本·拉登所做的事情是反人类的，不应该给他提供发言的机会。这两者之间的冲突怎么解决呢？

**答**：第一，半岛电视台不是第一个采访本·拉登的，比我们早的有美国CBS（哥伦比亚广播公司）的记者。如果你有机会采访本·拉登，你会不会去？这是不需要问的。第二，我认为本·拉登是报道的一部分，为什么要视而不见？我不管本·拉登是谁，我不是法院，判断他是否反人类要由观众来判断。作为媒体，我们没有权利把自己当作你的老师，这不是我们的工作，我们给你提供原料，你怎么去分析、怎么思考，这是你的权利。

到目前，半岛电视台不允许使用“恐怖主义”这个概念，我们只说“所谓恐怖主义”。因为到目前为止，整个国际社会包括联合国在内也没有给我们提供一个定义——什么叫“恐怖主义”。你看所有西方媒体用的“恐怖主义”是谁来判断的？我认为，半岛电视台不会把自己想象得比观众更聪明，告诉你什么叫好、什么叫坏。

**问**：伊扎特先生，我想问一个更冒昧的问题。这是否意味着你在试图模糊一些人类普适性的价值观，或者您认为，没有所谓共同的价值信仰，比方说善、美或者人道主义的共识？您觉得，这是永远不可能的吗？

**答**：为什么不可能？但我的责任是把白叫白、把黑叫黑，不能把白叫灰。美国逼我们用的很多词汇，其实都有问题。比如，美国兵在伊拉克，不是来“解放”他们的民族，那是美国人自己说的，他们绕过联合国决议发动战争，但没有人承认他们也是一个侵略者。同样，不管是巴勒斯坦、阿富汗、伊朗，有时候我必须叫他们“抵抗力量”，因为他们的确是抵抗力量，我没有别的选择能叫它其他的什么。你看西方媒体的矛盾：在伊拉克，他们叫“恐怖分子”，或者他们自己造的词语，但一到别的地方，如果他们在那边有利益，“恐怖分子”就不是“恐怖分子”了，而叫“自由卫士”了。我们不能这么做。

**问**：您不同意美国用他们自己的价值和利益去定义新闻事实，去给事实带上标签。那么，我想知道，如果有人这么说，您是否会同意："半岛电视台的成功，恰恰是因为在文明和文明的冲突中，变成了一种文明去反抗另一种文明的工具"？

**答**：我不这么认为。我认为，半岛电视台是文明和文明之间的桥梁。但是，要看你所说的"文明"的定义是什么，要看是什么样的文明。我曾经做过好几个报道，比如一个中国撒拉族的报道。它可能是中国最小的民族，他们没有语言，但他们有一份最古老的《古兰经》，1000 多年的历史，从阿拉伯世界传到中国。他们保护《古兰经》像保护生命一样，发生过一些非常有意思的故事。"文化大革命"的时候，这份《古兰经》流落到英国国家博物馆，但这个小村的撒拉族人不乐意，因为他们把《古兰经》当作他们自己的一部分，于是做了很多工作，想要拿回《古兰经》。最后，一个佛教徒和尚把这个《古兰经》要了回来。我们做这个报道的目的，就是要展示文明和文明不一定冲突。最近，我们去拍一个青藏铁路的纪录片，但目的不是青藏铁路本身，因为青藏铁路通过好几个不同文化、文明的少数民族地区，我们要证明：不同民族之间不一定是会冲突的，他们可以互相依存，我相信全世界的文明是可以有不同文化的。

## 不是在半岛工作，而是为半岛工作

**问**：让我们把话题回到半岛电视台的价值观和独立性。您刚才讲到，半岛要遵从自己的原则去做真实独立的报道，但在现实的新闻操作中，要坚持独立是很困难的，半岛也曾面临各种压力和控制，比方，采访本·拉登的记者被逮捕，传闻说有所谓间谍混入半岛，还有人抓住这个机会质疑半岛电视台的独立性。这些挑战，你们如何应对？

**答**：刚才的话题还没有说完。现在，本·拉登不需要我们，他们网站建设的工作已经达到了一个水平，他可以提前三四天说"我要在这个网站放一个带子"，宣传效果特别好。没有这个网站的时候，好几个电视台都会收到本·拉登的录像带，但其他电视台不敢放，担心他们有政治目的，我们第一个放，因为我们认为它有新闻价值。不知道为什么，美国政府对我们有那么大的意见，认为拉登利用了半岛电视台，还制造了很多谣言，以及批判我们放砍头的或不砍头的画面。事实上，我们对用什么样的镜头有特别复杂的规定，也有特别复杂的道德要求，比如有大屠杀的时候，我们就不允许用这样的镜头，这跟其他任何媒体是一样的。

**问**：国际新闻界似乎有相关的准则，残缺的尸体不可以出现在媒介画面中，过分残暴的画面也不可以。

**答**：我们会以非常复杂的道德标准来控制镜头和画面。因为我们报道的方式不符合它的利益，美国人才对我们有那么多仇恨。我们阿富汗和伊拉克办事处被美国人轰炸了，一个摄影记者现在关塔那摩，采访本·拉登的记者被抓了，关在西班牙，已经好长时间了。

问：可见，你们的独立性始终受到威胁。我看到一些资料说，2004 年半岛电视台新闻改组，新闻制作也要受检查，不再像过去那么自由。这些会动摇您的决心吗？

答：坚持独立性所面临的压力一直存在。我可以公开地告诉你，美国派了不少高层到卡塔尔，主要目的是谈半岛电视台。其中，威胁半岛电视台，如果还像过去报道伊拉克战争那样报道美国和伊朗问题就会有危险。但是我认为，这些威胁不能改变我们的工作方式，如果放弃这个原则，半岛电视台就不是它应有的样子了。

问：面对这么多的压力，半岛电视台不会做一点点妥协和退缩么？也许会通过一些比较隐性的方式，如改制，如不再聘用相对激进的员工，如记者们由于担心同样被捕而自我管制？

答：有，但对半岛 85% 以上的工作人员来说——你信不信我是你的问题，但是我可以保证，半岛电视台不是一个单位，而是一个事业，他们不是在半岛工作，而是为半岛工作。

问：带着一种信仰在工作？

答：对。所以，我认为，一些压力、威胁、恐吓很难改变我们的报道方式。

问：我特别想问的是，怎么让编辑记者把在半岛工作当成一种事业，而不是一份工作？

答：你可以看到，半岛电视台像一个小联合国，不是所有人都拥有同一种信仰，有伊斯兰教的，有基督教的，有不信教的，有信奉帝国主义的，有信奉共产主义、社会主义的，有任何一个派别的，他们也不是来自同一个国家的。但在他们看来，这里的事业比一个民族或国家的事业还要大，是一个人道主义的事业，已经超越宗教、超越国家利益。

很多人老是说我们“反对美国”，我可以公开地告诉你：在半岛电视台，我们给美国领导人的空间比任何一个国家的领导人都要大，虽然美国人对我们这么……我不想用任何一个词。因为美国官员知道，中东地区对他们是一个战略意义很特殊、很重要的地区，他们的官员知道如果不在半岛电视台说话，就没有影响力，所以，你可以看到包括美国白宫的发言人在内，美国官员基本上天天都接受半岛电视台的独家采访。

问：您很能理解美国的复杂心态吧，既不喜欢但又必须重视半岛？

答：我知道这个，但对我来说不管它怎么样，我们必须以半岛为主、为我们所用。美国是新闻的一部分，我必须给它一个空间说话，来表达它的立场。采访它以后，我不发表我的立场，但我可以请一些专家学者来谈。我们的口号是“意见与异见”，所以必须让它表达它的立场。

**问**：您曾经有一个比喻说，半岛电视台应该像一个不断撞钟的和尚。这个和尚要撞的是什么钟，信的是什么教呢？

**答**：撞“老百姓关注的新闻”的钟。因为在很多地方，比如尼日尔，半岛电视台的报道引起全世界对他们的关注。我们认为像这样和老百姓非常密切但过去没有人关注的地方，他们的新闻是我们一直要撞的钟。

**问**：全世界的新闻记者还会普遍面临一个困惑：新闻记者必须服务和忠诚于国家利益，还是可以超越国家利益去实践一种更普适的职业信仰？当两者之间发生矛盾时，您如何选择？

**答**：我认为在半岛电视台这个问题不存在了。比如说，我是一个巴勒斯坦人，我的同事是埃及人，另一个同事是法国人，那么，我们要符合哪个国家的利益呢？半岛电视台已经超过国家的界限和国家的利益。

**问**：问题是记者不仅是记者，还是某个国家的公民，他也许会因此而痛苦。比方说伊朗和美国如果真的交战，一个伊朗人和一个美国人都在半岛电视台工作，他们之间不会分裂、不会痛苦吗？

**答**：我认为不会，因为有新闻道德来规定他做报道的方式。我刚才说100%的客观中立做不到，但打个比方说，现在伊拉克最大的矛盾是逊尼派和什叶派，在半岛电视台总部有一个伊拉克办事处，里面工作人员一半是逊尼派穆斯林、一半是什叶派穆斯林，但我们出来的报道可以说是阿拉伯世界关于这一地区报道里最公正的。再比如，现在加沙地区或巴勒斯坦有我们比较大的办事处，有一半工作人员支持哈马斯，另一半支持阿巴斯，但我们的报道也被认为是客观的。因为有比民族利益还要重要的人道主义事业。

**问**：我看您的教育背景是学语言、医科出身的，没有学新闻专业。您关于新闻的价值观主要从哪里来？

**答**：首先我做了15年的外交官，主要负责新闻方面的工作，也喜欢阅读新闻，有新闻知识的背景。到半岛电视台后，我也参加了一些培训，并且通过长时间的积累，也有做新闻媒体的经验。

**问**：您同民族、同信仰的同学，有人去美国接受新闻传播教育吗？如果有，你们再重逢的时候，因为新闻理念的不同会吵架吗？

**答**：有。我们不会吵架，我尊重他，他有他的自由和权利，这个世界需要不同的声音。我在这里也有很多很好的美国朋友。

问：您从来没有试图说服他们接受您的观点吗？

答：你只要尊重我的立场、尊重我的意见，我也尊重你的意见，你信什么我信什么无所谓。我认为这是几千年以来人与人关系必然的东西。

问：我可以不同意你的意见，但是我尊重你说话的权利。当初，促使您决定放弃做外交官，选择从事新闻的主要原因是什么？

答：有很多原因，最主要的是，我认为我们作为阿拉伯人，作为巴勒斯坦人，新闻工作做到一定的程度，发挥的作用可能比外交官更大。

问：您希望媒体发挥的作用是什么？除了给老百姓提供真相以外，也在带动阿拉伯地区老百姓的知识更新、观念开放、意识转变等。

答：对，作用很大。媒体发挥的作用越来越大，重要性越来越大，但是，反人道主义力量的威胁越来越大，霸权主义、单边主义威胁也越来越大。你看我们这两年牺牲的媒体人，去年全世界就有170多人，这也使得搞媒体的人坚定了他们做事业的决心。

## 用阿拉伯自己的眼睛看中国

问：您的表达里有“越挫越勇”的精神，十分令人钦佩。让我们把话题转回中国，这也是我们很关心的。您曾经说过，最不喜欢别人问你半岛电视台为什么要关注中国，你回答说：“为什么不去问BBC这个问题？”即便这样，我们还是希望您简单解释下，是因为中国重要所以才关注中国吗？

答：也不是，这只是简单的原因。

问：主要的原因是什么？

答：为什么要把我们当成一个特殊的媒体？我是正常的媒体。中国值得关注的问题很多，我就来关注了，这是第一；第二，我认为这是半岛做的战略性决定，在中国设立办事处是一个非常正确的选择，50年来阿拉伯世界一直用他人的眼睛来看中国，我们认为已经到了用自己的眼睛来看中国的时候了。

问：所以，您有句话是“用阿拉伯的眼睛来观察中国”。那么，“阿拉伯的眼睛”是什么样的眼睛？

答：以职业的角度，阿拉伯文化的、阿拉伯视角的、阿拉伯历史为背景的、以阿拉伯语言来表达的“眼睛”。

**问**：在当今世界的经济格局中，中国正被日益卷入全球化，受到高度重视和关注，但从意识形态、从价值观、从文明的角度看，中国文化跟西方资本主义文明是不一样的。从这个角度看，中国和阿拉伯地区好像有一种"惺惺相惜"的感觉，即都比较容易被视为"异端"。你们在做中国报道的时候，会不会比其他境外媒体对中国更友好一些？

**答**：有的时候，你做的报道有两种：一种提供信息，一种提供深入分析。我们是阿拉伯媒体，自然要关注跟阿拉伯文化比较接近的报道，但我不是这样，这也是我来中国的目的：不单是给阿拉伯人看他们愿意看到或者喜欢看的报道，比如新疆、青海、甘肃大部分是回民的地区，阿拉伯人很想知道他们习惯如何，他们怎么过日子、怎么吃饭、怎么生活。但是，我来的目的不单是关注回民，而是让阿拉伯世界了解整个中国。我去青海、新疆、甘肃做过一些报道，但这些并不是我唯一的报道，我也做其他不一样的选题。

**问**：您如何做，才可以呈现整个中国的报道？中国可供报道的题材太多了，您的选择标准是什么？

**答**：去做比较有新闻价值的东西。选择的标准有很多因素，它的规模、影响力多大，离中国当地的老百姓多远，费用的问题，但不是从成本出发考虑。我们也是大通讯社的客户，每年给他们钱，有权利用他们的任何镜头和画面，我也要了解他们有没有准备去这个地方做采访，如果他们没有打算，我们就优先考虑去。有时候，如果很多人关注，必须在那个地方出镜，我就必须去。像我刚才说的，比如在中国，同样性质的事情发生在新疆和上海，我两个地方都会去，不会因为新疆有回民我就只去新疆，这个不会。

**问**：能不能举几个您在中国做得比较满意的报道？

**答**：我认为我做的报道都很满意。

**问**：换句话说，印象深刻的报道？

**答**：我自己比较满意且收到很多观众反馈的报道，就是刚才说的那个撒拉族的报道，还有关于河北农民、反映贫富差距的报道。虽然报道过去了很久，但我去其他阿拉伯国家的时候，当地还有很多人对我们当时用了哪个镜头、说了哪句话都还记得。

如果要评价我的工作的话，到目前为止，有两个报道做得比较突出：一个是在中国，一个是在朝鲜。在中国，我们是半岛电视台第一个驻外办事处，我们提了一个建议，经过艰苦的争论过程，终于在2006年第一次关于一个国家做了比较深入的报道，专题叫《聚焦中国》（China Week），做了一周时间。每天5个小时，不同时间段，上午、下午、晚上都有，大部分是直播的。报道了中国政治、经济、军事、文化、社会等各方面的主题，也做了一些对话节目和研讨会，每个研讨会一个多小时。有一次节目，是在长城上做的，我们也说了这座长城原来是孤立中国的象征，现在我们希望它作为一个桥梁，效果非常好。另外，我们邀请一些阿拉伯学者、阿拉伯联盟秘书长穆萨跟中国学者进行对话，他正好来中国参加中阿论坛。因为观众的评价特别高，半岛电视台决定推广这种做法，以后相继做了《聚焦土耳其》、《聚焦伊朗》等，我们是这个系列节目的创意者。

**问**：那么，关于朝鲜的成功报道是什么题材？

**答**：我是第一个去朝鲜做直播节目的阿拉伯记者，之前，阿拉伯世界对朝鲜了解得非常少，除了知道它是一个拥有核武器的国家以外，对这个国家简直一无所知。后来，我们做了8个报道，节目名称叫《朝鲜的另一面》。之前，很多人都是做部队、核武器的问题，我们做了过去很少被提到的问题，如教育，无论如何，它毕竟成功地把国民的文盲率降低了很多。而我们阿拉伯世界有那么多石油、那么多天然气，但国民文盲率还是超过30%。

**问**：所以，你们的报道想说明，经济的发达并不意味着教育水平的提高。

**答**：对。我们还做了朝鲜的医疗问题、社会意识形态问题、领导班子问题、能源危机问题等七八个方面。

**问**：你们做了《聚焦中国》的系列节目，您能不能用几句话概括一下对中国的认识，中国到底是一个什么样的国家？

**答**：这个有很多方面。比如说，中国确实在经济方面做了很多贡献，但中国依然是世界上最大的发展中国家，中国人口占世界人口的五分之一，也是唯一的非白人的常任理事国，它恢复联合国的地位当然是靠中国人民的艰苦努力，但同时也靠很多发展中国家，尤其是亚非拉国家的支持，它们到现在还在支持中国。他们挫败了好几个反对中国、反人道主义的决议，包括在台湾问题上、北京申奥上，也是它们给予了很多支持。所以，中国对这些国家不仅有道义上的责任，也有国际上的责任。包括很多阿拉伯人在内，他们不知道，中国在某些国际问题上发挥的责任有多大。

有一次，我在网站写了篇分析文章，引起了很大关注，谈为什么现在日本在中东地区花大笔的钱，参与到中东地区的事务，目的是什么？为了石油？他们很容易得到石油。为了打开更大的市场？他们的钱一直放在那边，没必要投入那么大的资金。到底为什么？我认为是为了加入安理会。日本有中国、朝鲜等亚洲国家的历史问题，是很重的压力，它必须得到实质性的改变。美国希望日本能帮它忙，那么日本能做什么？它也可以靠西方媒体把自己变成一个能得诺贝尔和平奖、热爱和平的力量，把它的历史包袱卸下，通过中东打开它进入安理会的大门。我写这个文章引起了很大反响，但当时，我不是作为一个记者，而是作为观察者从民族利益的角度出发的。

**问**：嗯，最后，我想请教您对中国媒体、新闻环境的看法。

**答**：中国人口占世界的五分之一，中国媒体也应该作为世界媒体的五分之一，但到目前为止，中国媒体在国际平台上没有声音。我认为，半岛电视台已经给了好的证明，好的媒体不一定是发达国家的，发展中国家同样也可以有好的媒体。

我认为中国媒体花的钱比其他媒体多得多。《聚焦中国》节目播出后，中国前外长李肇星会见我们总台长，说很感谢半岛电视台，你们这一个礼拜报道中国的效果，可能比中国对外媒体50年达到的效果还要明显。所以，做好媒体不是钱的问题。

我参加过一些论坛、会议，也到过一些学校，经常听说半岛电视台迅速成长是因为它是唯一在阿富汗的媒体。我可以说，朝鲜也是热点，新华社在那边也有几十年，为什么没变成一个国际性媒体？所以，为了达到国际水平，中国媒体要进行改革，宣传和媒体是两码事，不能放在一起，宣传是宣传，媒体是媒体。

共产党、政府可以有自己的声音，但如果只有一种声音，会引起很多政治的、社会的问题。给你打一个比较怪的比方：不管西方或者其他国家，有时候政府和官员不能说的话，可以靠学者或智囊去说，去跟媒体打交道。但很多时候，在中国，要采访一个社科院的学者，他会说："这个问题很敏感，我不敢说。"但正是因为这个问题敏感，我才要来采访你啊。这样会影响到中国的利益，我可以理解学者不出来说话的原因，但是你不说话，这个问题我还是要采访，就可能去找一个研究中国的外国人来说，他的立场跟你肯定不一样。

我认为，中央政府给的自由空间比媒体自己定的那些空间还要大。中央希望看到更大的空间，这也是符合它的利益的，媒体要把自己想得解放一点。我的希望是：让中国"传"和"媒"这两个字分开，我会不断地说这个观点。

还有，中国不要老跟自己说话，已经到了跟"他"说话的时候，不要老用传统的概念来确立国际的大事。中非论坛的时候，我也提了个建议。这是新中国成立以来最大的外交活动，50个非洲国家的领导人都来了。按照中国尤其北方的传统，"好事都是上午做"，那么大的活动，直播、开幕式在早晨9点，因为时差问题，那个时候，全非洲都在睡觉。我认为，这是最失败的宣传方式，如果这个开幕式放在下午5点，中国老百姓都下班了，非洲老百姓也已经起床啦，可以看了。

第二个建议是六方会谈。从开始的时候，你决定做主导国，名字一开始就应该定下是北京六方会谈，不然的话，50年、100年以后，没有人会记得是北京在做这个工作。我们每次拍中南海芳菲苑的镜头，六方会谈每个代表都要拍到，但是因为逆光，拍到的人都是黑黑的。还有，那里没有什么元素能代表中国、代表北京，你起码放一个国花在那儿，或是任何能够代表中国的东西。我们做《聚焦中国》的时候，环境都是中国式的，不需要特别说明，观众就知道是在中国做节目。

# 神秘的中国适合写侦探小说

## ——《金融时报》北京分社社长马利德（Richard McGregor）访谈

### 个人简介

马利德（Richard McGregor），英国《金融时报》[①] 北京分社社长。马利德先生最初在澳大利亚做记者，曾就职于《悉尼晨驱报》和澳大利亚广播公司，在悉尼、墨尔本和堪培拉担任高职。自1990年以来，他差不多一直待在亚洲北部，先是在台湾，然后是东京、香港和北京建起了澳大利亚国家日报《澳洲人报》驻各地的办事处。只有1998～2000年两年的时间里他担任该报在堪培拉的首席时政记者。

2000年马利德先生在上海入职国际性的商业报纸《金融时报》，2005年被任命为该报设在北京的驻中国分社社长，2008年5月任期结束。他还为英国广播公司、《国际先驱论坛报》以及《远东经济评论》撰写文章和新闻稿件。

马利德先生对中国的报道受到了广泛的好评，2008年亚洲出版业协会授予其最佳评论及书面意见奖。他还因中国政治的系列特写报道广受赞誉。

---

① 英国《金融时报》创刊于1888年，由皮尔逊公司所属的金融时报公司出版，发行量329871份（1997年），是全国性“高级”日报中发行量最小的一家。该报被认为是英国最有权威性的经济新闻报纸。该报每天有30多版，分两个部分。第一部分刊登国际国内重要新闻和社论、评论、专栏文章、读者来信等；第二部分报道财政、金融和工商业方面的消息，设有《公司新闻》、《国际公司和金融》、《国际资本市场》、《商品和农业》、《通货、货币和资本市场》、《伦敦股市》等栏目，信息量大，既有宏观新闻，又有市场行情，报道及时、准确，很受企业界人士的欢迎。该报设有特稿社，专门提供各种类型的经济特稿。1995年1月，《金融时报》开始发行面向海外读者的新国际版。

## 访谈实录

访谈时间：2008年1月28日下午

### 要看到经济数字背后的力量博弈

**问**：您来中国做报道有多久了？

**答**：有7年半了。其中，在上海待了4年半，然后在北京待了3年，直到现在。《金融时报》在上海、北京、香港三地有办事处，其中香港办事处比较大，报道广州等地的新闻。

**问**：如果请您简要描绘下中国给您的印象，会是怎样的？

**答**：中国既有序又无序，如同两者的混合，具有强大的能量，有着很多的不确定。经济处于迅速的变化发展中，而且经济比政治更为自由，我简直很难想象20年后中国会是什么样子。

**问**：其他方面呢？比如环境、文化及社会状况等。

**答**：中国文化给我印象最深的是，中国人有一种“悠久”的概念，不仅体现在历史朝代悠久，也体现在中国语言里面很多的类似表达。

中国文化是一种很独特的文化——历史悠久，中国人吃苦耐劳、性格坚韧，很有进取心，总是很努力地去追求自己想要的东西。此外，中国发展得非常快，稍不留神就会跟不上发展节奏。如果不对中国发展时刻关注的话，你就无从知道中国正在发生的事情。也就是说，要跟上中国的发展速度挺难的。

还有，我的两个孩子都是在中国出生的，我认为中国很适合小孩生活，中国人都喜欢小孩，这也给我留下了很深的印象。

**问**：不过，中国也面临着许多问题。对此，您怎么看？

**答**：的确面临着巨大的社会压力，但也远不像媒体报道的那么严重。

**问**：很多西方媒体都喜欢问温家宝总理一个问题：如果中国变得越来越强大，会不会对美国甚至世界形成威胁？

**答**：我认为不存在这个问题。首先，我不认为中国会像美国一样成为超级大国。如果看看那些对中国感兴趣的地区，如亚洲的日本、新加坡、马来西亚，中国的确在迅速发展，越来越强大，但因此说中国已经成为威胁，我倒不这么看。

中国的领导人并不希望看到“中国威胁论”的局面，但的确希望中国被视为世界强国。

而且，中国的情况很矛盾：一方面力量迅速增强，另一方面又存在很多问题。目前，中国的海军力量不是很强，但二三十年后会变得强大。只有加强了军事实力，中国才有可能对外驻军。所以说，中国二三十年以后肯定是世界强国，但是否会对美国形成威胁？我不这么认为。

**问**：您现在对中国的印象，跟您7年前刚来时有什么变化？

**答**：那就是更多的事情让我觉得迷惑了。刚来中国时，很难理解中国的制度，在中国共产党的领导下，部长们都由执政党指定，政治制度高度集中，但中国的经济却需要摆脱集中制的束缚。所以，经济发展和政治改革之间有些不协调，甚至影响了经济的发展。但近五年来，中国的经济实力显著增长，让世人惊叹。我认为，这是最大的变化。中国的财富积累、社会状况变化很大，能源、环境等等在近五年都得到迅速发展。高度控制和完全无序的混合交织，一直处于迅速多样的变化之中。

**问**：您谈到了自己的迷惑，归因于中国的复杂。如果一个西方记者刚来中国，如何去尽快熟悉和了解这个国家？您会给他什么建议？

**答**：了解中国得花不少时间。到处旅行是一种不错的方式，去北京、上海以及其他城市。总之，要在中国待一段时间，才能了解中国。要想在短时间内迅速了解中国，恐怕只有很少的人才可以做到。中国是一个地域广阔的国家，存在许多问题和情况，不同地方的问题和解决方法都不一样，因此，需要好好住段时间才能知道。

说到这里，我还想到中国另一个巨大的变化：私人财产。越来越多的人拥有巨额私人财产，尤其是房产，在厦门和上海能看到很多私人拥有的大房子。我认为，私产变化必然会引起一些政治上的变化。

**问**：您在中国主要报道经济新闻，而中国的经济问题往往与权力或政治紧密相关，而且很多人抱怨经济领域的信息不够透明。您如何在这种复杂环境中进行报道？

**答**：我并非经济学家，主要通过熟悉政治背景来了解中国经济，或者说，我会像报道政治新闻那样来报道经济。我从来不会太重视政府部门如发改委说的话，不过尽管如此，了解整个发改委、央行、财政部的动态还是重要的。不能只看经济数字，要看到数字背后各种力量的博弈，比如省市之间、行业之间以及部门之间，这样才能有一个广阔的新闻背景。当然，数字本身也不容忽视。

**问**：我们通过Google找到您的一些报道，阅读后发现，您经常用一种以小见大的方法来描述对政治和经济的看法，比如写中国医疗改革的那篇。这种叙事方法是您的个人风格，还是《金融时报》的整体风格呢？

**答**：我认为这两者很难严格区分。而且，你提到的文章风格也不是我的典型风格，目前，我主要是写专栏，一个月一次，发表自己的观点和看法。

**问**：您还做过一篇关于松花江水污染的报道，把这个事件放在中俄关系的国际背景中加以考察，这也不是纯粹的财经报道。

**答**：其实，我们报纸的风格就是做政经报道，政治和经济联系很紧密。你看任何一天出版的报纸，都会发现这个特点。我可以拿份报纸来给你们举例，你看，前半部分是政治视角下的经济报道，如世界新闻、趋势、政治、分析、观点和评论等栏目，而后半部分则包括经济趋势、公司发展、市场状况等。这跟中国的财经报纸也有相似之处。

**问**：您在中国做财经报道，碰到的主要困难是什么？

**答**：虽然中国经济越来越好，但经济组织还是很少向媒体公布信息，也很少回应媒体的疑惑。这是最大的问题。对经济信息，他们也比较保密，让人很难知道事情的真相。这也是个很大的问题。要知道，中国每天都发生很多事情，有很多让全世界惊奇的故事，这也是为什么外国记者喜欢来中国做新闻的原因。只是，我们通常仅能提供一些基本信息，其实人们很希望听到好的建议，而非谎言。

**问**：很多外国记者也会这样抱怨，觉得很难得到全面、真实又详尽的信息，尤其从权威的政府部门。您觉得，这种情况会逐渐好转么？

**答**：这样的状况会得到改善。很多人都在努力使信息变得透明些，包括中国银行行长李礼辉，一些投资机构负责人，他们都在努力，但整个体系很难有大的变化。现状虽然有点让人受挫，但与20年前相比，情况已经好转很多。如果打个比方，通过照片看中国，能看到很多问题，有很多丑陋的一面，但如果你通过电影来看，就能看到许多进步。

**问**：的确不能只看当下，还要进行历史性的比较。那么，您做报道的消息源主要有哪些？

**答**：新闻来源有很多，任何来源我们都会关注，比如中国媒体的报道会告诉我们哪里在发生事情，其他来源还有自己采访、公司公告、对GDP的总体分析、拜访政府官员……我们可以通过各种各样的方式来收集信息。

**问**：这些不同渠道的消息源之间大体的比例如何？

**答**：这个就很难说。刚才说过，在中国，很多东西很奇怪，要花很长时间来等待和观察，将会发生什么事情，有的事情甚至永远得不到解释。所以，最重要的事情就是分析和观察经济趋势，只有把握趋势，才能更好地了解发生的事情。

# 神秘的中国适合写侦探小说

——《金融时报》北京分社社长马利德(Richard McGregor)访谈

**问**：您是如何选择报道主题的？又如何衡量新闻题材的价值大小？

**答**：《金融时报》是一份报纸，要覆盖报纸报道的基本面，比如报道经济发展的现状、经济增长的趋势等。当然，我们不会报道所有的事情，也会挑选出大事件来报道。

在中国，最大的事件就是经济增长：发展速度怎么样？有没有放缓？还是在持续迅速增长？如果增长放慢速度，会如何影响世界经济？还有，中国正着力发展什么产业？诸如此类，等等。

目前，中国最大的热点是中铝集团的发展。越来越多的资本来到中国，带走能源，尤其是煤矿。当然，通货膨胀也是中国面临的问题，但这个问题一直存在。对于经济的预测，则集中在中国将来是越来越开放还是有所封闭。近年来，对改革开放的功过是非讨论得非常多，成为第三大热点。我们同样也关注环境污染的问题。近期，还有个比较重要的趋势：中国正积极促进企业“走出去”的战略。这是一个新变化，也是一个大趋势。还有，土地问题也成为关注点，涉及到私人财产的处理问题。

**问**：您对民营企业的关注是不是超过国有企业？

**答**：我们是否更加关注民营企业，主要取决于其发展状况和经济数字。目前中国的民营企业的确创造了巨大的利润，这也是大势所趋。中国实行积极的财政政策，中美、中日、中国与联合国等合资项目很多。这些都是我们做新闻时需要时刻注意的选题。

## 我不相信什么“客观”的说法

**问**：您如何看待正面新闻、负面新闻的区分？

**答**：我不认为存在什么正面新闻、负面新闻，有人认为是负面新闻的，其他人可能未必认可。不管怎样，我们在选择新闻时是比较严格的，通常会选择与GDP、经济增长相关的题材，主要做基础性的财经新闻。

同时，我们报纸也比较注重挖掘事件产生的背景、形成的过程及背后的意义，而非事件本身。我们的报道会避免“公关稿”的嫌疑，会在报道中说明，有很多重要人物赞同某件事情，这些人都有谁，他们是怎么说的，并把背景情况讲清楚。通过这种方式，来解释事件背后的意义。这既可能是负面的，也可能是正面的。

**问**：我想知道，语言的障碍，有没有给您的新闻报道带来困难？

**答**：有。中文有很多固定说法和不同的表达方法，有时会让人难以理解。所以，中文越熟练，采访就越顺利。20年前，很多外国记者都不懂中文，现在大家多少都会点，何况很多中国人都会说英文了。因此，情况比过去好多了，有时候，我也需要中文翻译的帮助。

问：怎样保证你们所做报道的准确性？

答：我们会对报道的事情和获得的信息进行确认、核实，并且不带任何国家偏见。对中国的报道和对美国的报道，或对任何国家的报道，都不会区别对待。

问：如您前面所说，《金融时报》的报道会注重新闻事件的背景介绍，具体如何来将背景融入事件中？有什么技巧么？

答：相比《纽约时报》或《华尔街日报》的报道，我们《金融时报》的报道比较短，更简洁。有这样一种说法：简短、简洁，才能言简意赅、切中肯綮。《纽约时报》的动态新闻比较少，多的是特稿；《华尔街日报》的消息稿也不多，更多的是长篇的故事报道；而《金融时报》是比较典型的日报，需要在动态新闻上多下工夫，报纸阅读量的提高依赖于我们对于重要新闻的简洁报道。另外，除了报道风格不一样外，《金融时报》的报道更自由些，解释性更强，尤其是我们的"分析"和"评论"栏目，像路透社那样，总是尽量给出新闻背景。

问：在中国做经济新闻报道中，有没有遭遇什么压力？比如敏感问题的报道上，会受到政府部门的限制？

答：基本没有，因为我们对待中国不带偏见，报道中国的态度和对待其他国家是一样的。有时候也会碰到些问题，但我们没有意识到，还是中国政府提醒我们的。我认为，中国政府还算是比较成熟的，如果去其他亚洲国家看看，比如新加坡，你会发现它们的情况更复杂。有时候，我们也会报道中国的腐败问题，但很少会遇到阻力。

问：你们是怎么知道哪些不能被碰触的敏感选题的？

答：怎么能不知道呢？我们都会去多加了解的。在上海，我们曾碰到过麻烦：在周正毅①准备投资金山区的土地时，我们写了篇关于金山区政府投资房地产的报道，出来之后遭到来自上海市政府的压力。他们派警察来我们办公室，说是来聊聊天，保持进一步联系。我们请他们坐下来喝咖啡，然后就送走了他们。我们总是会尽量避免与政府产生冲突。

我们曾经做过一篇报道，关于气候变化会影响农业发展的文章，为此，农业部部长可能不高兴。但我们只是在做自己的本职工作而已，而且会尽可能开放性地去做，而不刻意隐藏什么。其次，我们会尽量保护好我们报纸在中国的员工，从来不让他们去很偏远的地方做采访，因为太容易直接遭到阻挠。

---

① 周正毅，原上海首富（2002年度福布斯中国富豪榜第11名），2003年9月因涉嫌虚报注册资本罪和操纵证券交易价格被捕。

# 神秘的中国适合写侦探小说

——《金融时报》北京分社社长马利德(Richard McGregor)访谈

**问**：您觉得，这里的新闻报道环境和您的祖国澳大利亚相比，有什么不同？

**答**：以前，的确存在有外国记者被逮捕的情况，但政府很少采取强制性手段让外国记者辞职。现在，逮捕的事情偶尔也会发生，不过重要的是，气氛比以前宽松多了。现在，奥运会的召开也能帮助西方记者报道中国，尤其2007年底颁布的《北京奥运会及其筹备期间外国记者在华采访规定》，对我们在中国做报道是很有用的。《规定》指出，外国记者在华采访只要征得被采访单位和个人同意即可。也就是说，只要有人邀请我们，我们就可以去采访。而之前，我们总会莫名其妙地被认为“犯规”。

**问**：换个角度看，如果政府明确外国记者在华报道的规定，对你们来说也是一种保护？

**答**：是的，没有明确规定就有可能报道任何事情。你看，外国记者做的报道几乎覆盖任何事情。规定明确的话，的确是一种保护。其实，我们做新闻的原则始终是：坚持事实，尽量准确，不侵犯他人。

**问**：您认为，西方记者对中国进行报道时，能否做到不带偏见地客观报道？

**答**：我不相信什么“客观”的说法，这是外交部作报告时用的词语。我认为，只要尽可能做到准确就可以了。不管怎么样，总会带有个人主观意见的，没有什么人可以做到绝无偏见，我也会抱有个人观点。对我朋友报道的事情，我也有反对的时候，你看看《纽约时报》对小布什的报道，毫不留情地批评，比起我们对上海的报道要尖锐得多。不管怎样，报纸需要具有批判精神，这也是其社会职责所在。用中国的话来讲，就是说要进行舆论监督。总之，记者很难做到完全客观。

**问**：您是否听说过西方媒体“妖魔化”中国的说法？上世纪90年代中后期很流行。

**答**：听说过，就是清华大学李希光教授提出来的。我并不同意他的观点。也许个别记者的确会“妖魔化”中国，但据我所知，一般都不会去这样做。要知道，没有任何国家能像中国这样源远流长、历史悠久，也没有任何国家像中国这样幅员辽阔，我们经常讨论说：如果中国的发展停滞不前，会给世界带来不稳定；而如果中国发展成功，很多其他国家也要随之调整方向，也会让世界不稳定。

不管中国成功还是失败，成为超级大国还是走向崩溃，都会使得其他国家改变自己的决定。这也是我在中国听得比较多的说法。其实，我个人认为，中国能成功发展对世界是件幸事，但中国需要努力促进世界稳定。现在，经常发生安全问题之争的邻国日本、西方的超级大国美国以及中国的合作国家印尼、菲律宾、泰国等，他们都在担心自己的安全问题。

## 如果可能，最想做中国共产党的报道

问：您的稿子会不会被报社编辑“毙掉”？

答：会啊，每天都会啊。碰到这种情况，你可以给我们编辑部打电话说说(笑)。我们一般先提出选题想法，然后大家一起讨论，我会尽量争取选题通过，会对编辑说：谢谢你们的建议，但我坚持自己的观点。

问：如果给您足够的时间和资金，最愿意去做哪类题材的报道？

答：想做中国共产党的报道，想去了解共产党的情况及其工作方式，从而更加了解中国。比如，了解神秘的组织部的情况。我认为，中国非常适合写小说，很多事情都挺神秘，如同侦探小说。

问：我们在网上找到一篇您三年前写的报道，叫《中国新意识形态之争》①。这篇报道是否是您比较满意的作品？

答：那篇是我挺喜欢的文章。对了，我还写过一篇叫《中国的医疗体制改革成了一场风暴》的文章，我也比较喜欢。

问：那篇报道我们也看过，很有意思，里头的新闻素材不少来自您的亲身体验。

答：的确是，写得比较生活化。我在中国待了很多年，一直都关注医疗制度和医疗改革，对此已经形成了一些自己的观点。中国人都在为看病而存钱，看起来似乎只关乎国家内部的医疗制度，其实这种医疗体制在影响全世界，尤其医疗保险基金的储存对世界金融有重要影响。

不仅如此，中国在很多方面都在影响世界，尤其中国加入世贸组织之后，对世界经济的影响大大加强。我认为，中国加入世贸组织，是成功的，有利的。包括在农业方面，现在的大豆出口居世界前列。

问：你怎么看中国的财经媒体？它们的质量和水平如何？

答：我有很多财经媒体的朋友，和财经类报刊的主编们也很熟。《经济观察报》的发行量时高时低，《21世纪经济报道》要稳定些。说实话，它们的新闻还不是很可靠，有很多废话，而且观点变来变去，有时候支持，有时候却又反对。

我觉得，中国记者会越来越出色，有的记者真的很优秀。其实，他们能比外

① 详见 http：//www. blog. sh/user1/591/64225. html。

国记者做得更好，因为更容易得到信息，而且更了解中国。但他们比外国记者更辛苦，遭遇更多的困难和压力。不过，中国记者习惯于拿“红包”，这倒是一件让人不理解的事情。

**问**：您觉得，记者应该扮演怎样的社会角色？

**答**：对记者的社会角色，我没什么太多想法。我是因为喜欢，才做了记者，我喜欢处理信息，喜欢新闻的开放性，但我也不认为我能够拯救世界。

**问**：最后，再谈谈您对中国未来的预测吧？

**答**：我认为，中国整体上会越来越好，人民生活也越来越好，有很多能力很强的人才，会促进政府提高工作效率。最新的河北会谈中，新任商务部部长陈德铭会见美国商务部部长卡洛斯·古铁雷斯。陈德铭曾任陕西省省长和国家发改委副主任。两个人第一次会见，陈德铭给这位曾经是世界上最大的食品公司“凯洛格”老板的商务部部长留下深刻印象：他把陕西政府当作一个大公司来进行管理，派政府官员去其他地方学习，然后再调回省内。中国有着臃肿的官僚体制，让人担忧，但目前是开放的国家，比日本还开放。经济也很开放，比韩国还要开放。中国人性格开朗，也很开放。

# 中国的故事在于变化与运动
## ——英国《卫报》北京社社长华衷（John Watts）访谈

## 个人简介

华衷（John Watts）是英国《卫报》[①] 东亚地区的通讯记者。从2003年开始，华衷担任《卫报》驻北京分社记者，他尤为关注在中国经济飞速发展过程中产生的社会和环境问题。华衷曾在日本工作数年，曾供职于《基督教科学箴言报》、《新政治家》、《南华早报》，并为BBC、CNN、英国第四频道电视栏目工作。他能说流利的日本语和基本的中文，并且游历了中国很多地方。华衷正在写一本关于中国环境问题的书，并且担任了“中国外国记者俱乐部”的主席之职。

---

① 《卫报》（*The Guardian*）是英国的全国性综合内容日报。创刊至1959年因总部设于曼彻斯特而称为《曼彻斯特卫报》。总部于1964年迁至首都伦敦，不过在曼城和伦敦均设有印刷设施。一般公众视《卫报》的政治观点为中间偏左。

# 中国的故事在于变化与运动

——英国《卫报》北京社社长华衷(John Watts)访谈

## 访谈实录

访谈时间：2008 年 1 月 29 日中午

### 我心中的中国形象每几天就变化一次

**问**：首先，想请您描述一下对中国的第一印象。

**答**：我第一次来中国只是“经过”，当时我在日本做记者。从 1996 年到 2003 年，我在日本做了 7 年记者。那一次，我是要去朝鲜，需要经过中国。我在来中国之前，对中国的印象十分陈旧。我在冷战中长大，中国在我印象里，是个“一党制”的共产主义国家，所以，我会有一些偏见。当时，我只在中国待了一个晚上，在北京，根本没能有机会真正认识中国，然后就去了朝鲜，待了一个星期。当时，朝鲜的新闻管制特别紧，我到哪里都有人跟着，很令人沮丧。朝鲜的行程结束以后我飞回北京，当时的感觉就是，终于自由了。当然，这只是一个相对而言的感觉。

还有一件轶事，可以看出人们会有一些“先入为主”的印象。2003 年，我来到中国工作之后，我的妈妈来看我。那是她第一次来中国，而她的一生之中，冷战的影响更加深刻强烈。所以，当她走出北京机场，和我拥抱之后，问了我一个问题：“我们能在这里说话吗?”然后我就哈哈大笑。

**问**：呵呵，你妈妈的确太害怕中国了。那么，您呢？来中国之前，您对中国的印象是什么？

**答**：我对中国的印象有很多层面。最初的一层来自童年，那是一个非常“陈旧”的印象——“文化大革命”的中国。后来，有一些大学学习的记忆，我学习过中国和日本的概况，所以对两国的历史文化有一定的了解，因此有了这一层学术层面的印象。再后来，我在日本工作了 7 年，那段时间里，我透过日本媒体看中国。我觉得，这样的经历十分有益，虽然我知道中国和日本的关系一直不是十分好，但另一方面，中国和日本是邻国，日本比英国或者其他西方国家都要更加了解中国。因此，我能观察到，中国在变得越来越重要。后来，我得知自己将要到中国工作，开始读很多有关中国的书，对中国有了更多了解。基本上，我对中国的印象由以上 4 层印象构成。

**问**：等您来到中国之后又发现，书里读到的中国跟现实的中国还是有很大不同吧？

**答**：当然，每个国家都是这样。没有一本书能够穷尽对一个国家的描述。许多事情都让我感到惊讶。但是这里，798这块地方①，是最让我兴奋的。以前，我的脑海中有“一党制国家”负面的刻板印象，听到的都是控制和新闻审查。但这只是故事的一面。来到这里以后，我发现很多奔放的事物，很多疯狂的事情，非常开放，非常有大智慧，对我来说，这比经济、工厂、出口等问题都要有趣。这种接受新鲜事物的开放态度，是我发现的最积极的一面，也是我觉得最有意思的。

**问**：你们选择在798这个地方办公，的确有点与众不同，但这里是先锋和潮流的前沿地带，并不是中国现实的典型体现。

**答**：当然不是。我刚来的时候，政府正计划要在这个地方做新的市政建设规划，但人们发起了一个很大的活动，然后政府意识到，虽然中国在生产制造上很有优势，在贸易服务上做得很大很好，但在文化上却非常欠缺。他们意识到，把这个地方保留下来，是个推动文化发展的好方法，虽然这不是城市的典型形象，但可以传播这样一种观念：中国不仅是世界工厂，也有自己的文化个性。

在世界上，想要成就一个强大的文明，需要有力的支柱。一方面，军队不可或缺，但同时，信息、观念与文化也缺一不可。当我2003年刚来中国的时候，世界并不重视或欣赏中国的观念及文化，大家只想要中国制造的廉价产品，但这种情况正在悄悄发生变化，而798这样的地方在很大程度上推动了这样的改变。

**问**：来中国5年后的现在，您对这个国家的印象有了什么变化？

**答**：我心中的中国形象每几天就变化一次。有的时候，一切都很顺利，我觉得每件事情都很美好，但另外一些时候，我看到一些负面的现实，比如不公正、贫困，我会自言自语说：“见鬼，究竟发生了什么？怎么会这样？”所以，我无法给出一个确定的答案，没有一个非此即彼的答案。

**问**：那么，您对中国的感情是怎样的，喜欢还是不喜欢？

**答**：这要看是哪一天了，是一种又爱又恨的关系。有时候，我真的很喜欢在这里的生活，有很好的朋友，很享受的生活方式，报道也很顺利，一切都很棒。但另外的一些时候，我很疲倦，当我调查一些社会问题、环境问题有一定进展或结果的时候，我会变得很消极。总体上说，我很喜欢在中国的这些经历，在中国的这5年可能是我一生中最不寻常的一段时间。

**问**：我们问您上面的这些问题，是想知道您在中国从事新闻报道是否影响了

---

① “798艺术区”位于北京东北方向朝阳区大山子地区，是原国营798厂等电子工业的厂区所在地，20世纪50年代由苏联援建、东德负责设计建造的重点工业项目，见证了新中国工业化的历程。自2002年开始，大量艺术家工作室和当代艺术机构进驻这里，成规模地租用和改造闲置厂房，逐渐发展成为画廊、艺术中心、艺术家工作室、设计公司、时尚店铺、餐饮酒吧等各种空间的聚集区。《卫报》北京的办公地点也选在798里。

您对中国的印象，或者您的印象改变是否会影响您关于中国的报道，而您并没有给出确切的答案。

**答**：我的确没有给出明确的答案，我是故意这样做的。我同意个人情绪的确会影响报道，但这往往不是记者有意而为之的，往往是无意之间，情绪就被植入了报道。另外，我不觉得两者之间有明确的联系，难道可以很简单地概括说，4年以前我很积极、很兴奋，因为我初来乍到，一切都很新鲜，而现在，4年以后，我就很疲倦、很消极吗？当然不是，这很复杂，很难说清楚。可能你听过这个说法：外国人来中国，一个星期以后，意识到自己不了解中国；一年以后，觉得自己已经了解了中国；四年以后，才意识到自己什么都不知道。

**问**：如果您回英国，朋友们没有来过中国，他们问你中国的现实状况，您会怎样形容？

**答**：总体来讲，我对中国的态度是积极的。中国在对外开放，不仅在经济上，也包括观念上、思想上。我在中国看到的最棒的事情，就是目睹那些原本极端贫困的人的收入在增加，虽然可能增加的幅度很有限，但总体说发展方向是积极的。然后，我会说到消极的一面，就是为发展付出的代价问题，包括环境、社会生活质量等，这些都将在未来很长时间里慢慢显现出来，中国将要为此付出一定的代价。

另外，我是一个西方自由主义者，是非常批判性的，因此，我常常自问：中国没有西方自由主义的传统，总是存在着各种控制，这一点我常常不赞成。但另一方面，很多情况下，它可以成功运转。所以，我常常思考，自己坚信的观点究竟是不是正确的？中国是否会继续发展，越来越富强？最终是否会发展成为自由主义的国家？这样的自我辩论，经常存在于我的脑海中。

我对某种体制进行批判有几个原因：一方面由于我的政治取向，我是一个自由主义者、民主主义者，我习惯保持批判的态度；另一方面是我个人的原因，我常常自问，思考自己的价值判断是否正确。我们的确可以看见大多数的情况下，大多数人的生活变得越来越富裕，但是，另外情况下，比方说，如果警察不喜欢你，或者当你有土地纠纷的时候，就很难得到正义的结果。所以，缺少可靠性与透明度。这不仅仅是意识形态的问题，而是关乎效率的问题。当系统更加具有可信度的时候，效率也会提高。

## 在中国，很难听到故事的正反两面

**问**：对刚来中国的外国记者来说，如何才能尽快地了解中国？

**答**：我觉得需要结交中国朋友，还需要旅行，尽可能多地到各地旅行。不要只待在北京，不要局限在外国人的小圈子里。试着走出北京，走进农村，亲身经历那里的真实情景。同时，除了参加政府安排的或其他有组织的旅行之外，要自己出门自助旅行。

对我来讲，最获益匪浅的一次经历就是，我花了两个星期的时间从云南走到内蒙古，一直在西部地区。虽然有旅行计划，但具体要做什么，会遇到什么人，我们没有做任何事先的安排。那一次经历，让我形成了对中国西部的全景式印象。

**问**：您如何在北京建立起了自己的社会关系网？那是你做新闻报道直接的消息源。

**答**：我想是的，比如非政府组织的人、商人、学者、其他记者等。所有的记者都会这样做，尽可能多地认识不同的人，和他们交流，而如果这个人很有趣并且很友好，就有可能和他约见第二次。

**问**：对您来说，在中国进行报道最困难的事是什么？

**答**：最困难的就是语言。我学过简单的汉语，可以进行很简单的采访，但是如果我想问很细节的问题，就需要有个实习生为我翻译。但从另外一个方面看，也很有帮助。在日本的时候，我不需要助手，因为我的日语比中文好，但在中国，我有助手在这方面帮助我，她非常聪明，常常能提出很好的想法，给我新的启发。但是，语言还是最大的困难。

另外一个很大的困难就是，人们总是对外国记者非常怀疑。我想主要原因是，他们觉得西方记者只想要攻击中国，这可能是因为我们对新闻的基本理解不一样。你看我所有的报道，100篇里面很可能有50篇以上是负面的。但这种正面或负面的判断是从中国政府的角度看的，放在日本或者英国，情况是一样的，这和基本的新闻价值观有关。

作为一个记者，我总自视自己扮演着一个“守门人”的角色。这非常重要，而作为“守门人”，发现不正确的事情就应该报道出来。我在旅行中与之打交道的地方政府官员，对于媒体有完全不同的理解，他们来自一个宣传的背景，在这样的背景下，媒体的职责就是告诉大众党的信仰，而不是媒体自己的观点。这个情况也许已经有所改变，特别是在广东。现在媒体越来越市场化运作，经济的压力使得媒体会更努力地寻找更好的报道，政府的故事有的时候可能会有趣，但大多数情况下，不会是最好的故事。

**问**：依据您的新闻价值观，坏事情就是好新闻的题材么？

**答**：不是的。这样的解释过于简单化了。我觉得，如果发现一个社会问题，特别是一个还没有被政府意识到的社会问题，记者的职责就是将这个问题暴露出来。

**问**：那么，您会一直保持对政府的怀疑态度吗？

**答**：我觉得这其中有一个平衡。作为记者，需要对你获得的所有信息保持怀疑态度，需要检验得到的信息是否正确且准确，无论是政府或非政府，城里人或农村遇见的人。

我觉得，中国的一个主要问题是，很难听到故事的正反两面，这种情况已经持续了很长时间。你可以选择从政府的角度进行报道，但如果走这条线，就几乎不可能再去和失去土地的人交流，听他们的故事，因为那种情况下，政府官员会到处跟着你，而农民很难在政府官员在场的情况下畅所欲言。但另一方面，如果你只听农民的一面之词就开始评论，很多情况下，政府会否认和这件事情有任何的关系。总体说来，就是你很难得到两面之词。

今年实施的外国记者采访的新规定有很大的进步。理论上，你可以自由地出去采访，不必像以前一样做很多选择。外办不再是记者唯一且必须的选择，你可以到任何地方采访群众，然后可以再去采访政府。理论上，这并没有触犯法规。所以，这应该可以在一定程度上改善过去的问题。

**问**：我们很想知道，你担任主席的这个记者俱乐部的主要职责是什么？

**答**：我们做很多方面的事情，比如组织聚会，让记者们面对面进行交流；再比如组织演讲，邀请中国大学的教授或者外国教授来给我们做演讲；另外，我们努力尝试改善外国记者的工作环境。如果有记者被拘留了，会给我们打电话，我们会记录在案，然后在他们需要的情况下，尽快联系他们国家的大使馆；我们还会与外事办公室进行沟通，并试图请求外事办做出一些规则的改变。但政府方面的工作很难展开，因为我们这个记者俱乐部并没有合法的身份，外交部也很难与我们进行对话。虽然他们知道我们都属于外国记者俱乐部，但会面的时候，我们都以个人身份出席，可能将来我们会有法律身份吧。

**问**：和亚洲其他国家的同类组织相比，你们俱乐部的活动经费情况如何？

**答**：我在日本的时候，也曾经参加过一个类似俱乐部的工作。当时，那个俱乐部的年收入是1000万美金，有2000名会员，大概100名专职员工，是一个很大的组织。但在它的2000名会员中，只有200个左右是真正的记者，所以，那更像是一个生意人共进晚餐的场所，当然那个组织也很活跃，有很正式的活动。

与日本的那个组织不同，我们在北京的这个记者俱乐部没有专职员工，没有那么多收入，却有更多的记者。所以，我觉得在记者的专业方面，我们更加活跃。我们帮助改善媒体现状，尝试和政府谈判，和大使馆交涉。我喜欢日本的那个俱乐部，但它更像是一个社交性质的俱乐部，而北京这个俱乐部更像是一个工作性质的俱乐部，我个人更加喜欢现在的。

**问**：你们这个俱乐部没有中国记者吧？

**答**：在俱乐部里，我们经常争论是否应该接受中国会员，但因为现在我们还不具备合法身份，如果吸收中国会员，可能会有麻烦。

问：现在俱乐部大概有多少会员？

答：我不清楚确切的数字，三年之内，我们的会员数翻了一番，现在应该将近400人。

问：您为什么选择为俱乐部工作？

答：这是个很好的问题。去年我还在董事会里，今年我辞职了，不过依然在委员会工作。我并没有愿望要成为俱乐部的头头，之所以愿意为它工作，大概是因为我的信仰吧，我真的信仰透明、公开的理念，信仰媒体自由，我想这就是原因。

## 如果可以选择，我只做深度报道

问：您在中国做新闻，选择做不做报道的标准是什么？

答：首先这不是我一个人可以决定的，我们在伦敦的编辑也有很大的决定权。另外，这个问题很难说，比如矿难，几乎每个星期都会发生，究竟多大的伤亡数字值得被报道呢？50人？100人？还是创历史纪录的数字？另外，也不可能报道所有的矿难，我们的报纸上不可能日复一日出现同样主题的内容。所以，我的原则基本上是：如果矿难的伤亡数字创了新纪录，我会进行报道；如果某次矿难中出现了某个小插曲，比如有两兄弟自己挖出一条活路的故事①，我也会报道；还有的就是特殊情况，如果英国那边正好缺少新闻稿件，那么即使不太重大的矿难，我也可能会报道一下。所以，这还取决于每天新闻资源丰富与否的具体情况。

另外，走出北京到其他地方去发现新闻十分重要，而且有趣。对我来讲，最有价值的报道就是我们到某些偏僻地方，或某个很少有记者甚至从来没有记者到过的地方，并在那里待上相当长的一段时间，发现新鲜的现象，慢慢收集资料线索，在脑海中建立起一个完整的印象，等到回来以后再去请教相关教授或者政府官员，由此得到的一个丰满的故事。

我可以给你们看一些例子。我们采访过20个人，问他们的生活因为奥运而发生什么改变，包括租车司机、志愿者、计算机系统经理、奥运会运动员、教师、学校创办者、艾未未②、警察、上访者、美发师、酒店工作人员、官方发言人、喜欢逛夜店的女孩、国家体育馆的建筑工人等。整个系列报道的主题就是要体现各方面的声音，而不仅仅是正面的、支持的声音。

① 2007年8月，北京市房山区发生矿难，指挥部做出“被困人员已不具备生存条件，停止救援”的决定之后四天，在井下被困130个小时的两兄弟孟宪臣和孟宪有用自己的双手挖出一条生路。事后《南方人物周刊》用封面故事对其进行了报道。

② 艾未未，艺术家，当代中国实验艺术的领军人物，研究领域涉及建筑、雕塑、绘画、家具、编书、策展等多个方面，2003年担任奥运会“鸟巢”设计顾问。

问：您觉得深度报道比一般报道更有趣且重要吗？

答：绝对是。

问：可是，您总可以有足够经费、足够时间进行类似这样的深度报道吗？

答：是，也不是。我在日本的时候，那里的新闻观念跟这里不同，会做许多的日常报道，一些突发性的新闻。但在中国，我做的报道则不同，一方面，因为中国很大，故事多得多；另一方面，因为在中国很难从上面得到信息，必须走出去从社会底层搜集信息。理想情况下，应该从两方面都能收集到信息，但在中国，跟上面打交道很难，只能从下面想办法。

在这个方面，我们报纸非常支持我。当我解释为什么我需要出差，要做很多旅行，花很长时间进行深度报道的时候，他们很支持。做个比较，我在日本的时候，一个月可能会写20篇报道，每一篇都不长，但我在中国，可能一个月甚至两个月只写一篇稿子，但经常会有整页甚至几页的篇幅。因此，在中国，我有机会进行长期的、细致的、调查性的深度报道，这样的工作更加让我满意。

问：所以您没有必须完成的工作指标吗，比如一个星期至少完成多少短篇报道？

答：这也正是我头疼的地方，他们想要鱼和熊掌兼得。

问：看起来，你在中国采取跟在日本不同的报道方式，主要是您自己的选择。

答：这是两方面的决定，基本上是我自己的选择，但总部的编辑也善解人意，一般会让我做自己想做的事情，我也会努力说服他们接受我的想法。现在，我们在中国的时间越来越长，英国方面也想要越来越多的信息，动态的和深度的都要。

原本我们在这里有三个工作人员，除了我之外，还有两个助手。两个星期前，英国那边又派来两个记者，他们会在中国待一年，报道奥运及相关新闻，一位是摄影、摄像、多媒体方面的专家，另一名是专业记者。因此，我们之间可以分工，一部分把精力放在报道动态新闻上，另一部分可以进行附加值更高的深度报道。

问：那么您的主攻重点是什么呢？

答：深度报道。如果可以选择的话，我只做深度报道。

问：请给我们举个例子，说明一下您通常的工作流程，包括如何判断新闻的价值大小，怎样决定做或不做，然后，如何收集背景资料，继而如何深入现场采访等。你们的报道流程和中国媒体会不会有什么不同？

**答**：我不认为会有很大的不同。你知道李大同①么？我很喜欢他。他有一个很好的观点：如果你进入中国某所高校的新闻专业学习，课堂上传授的知识很可能和英国教授讲的一样。如果说20年前，两者之间可能还有区别，可现在已经非常接近。所以，我不确定我们的做法是不是跟中国记者的做法不一样，尤其一些优秀媒体，如《南方周末》的记者，他们的报道也很出色。

我喜欢做的选题多数不是最新鲜的故事，但一般都有一定的深度。你们有没有听说过2004年伦敦发生的一件事？一群中国过去打黑工的工人在海滩上遇到了涨潮，其中20个被淹死了。当时，这是一条很轰动的新闻，我们也做了报道。后来，我们一直与其中一个遇难者的家属保持联系，了解到他们的生活状况十分糟糕，而且没有变好的趋势。于是，我们和他们联系，并通过他们联系到其他受难者家庭，最终我们采访了8户人家。我们到各地去拜访他们，进行大概1小时的采访，努力地用细节勾画他们的生活现状。然后，得出一些结论：为什么没有人帮助他们，谁还欠着他们的钱，他们的孩子受到什么影响，等等。他们也一直在和生活斗争，努力挣钱，同律师交涉。

一般来说，做深度报道的时候，要尽量与更多的人交流，了解全面的信息，尽可能到达或接近事件发生的现场，接着，请教专家，了解背景知识，另外要同政策制定者对话，比如政府：为什么他们选择这样做而不是那样做。这是我认为进行深度报道所必需的要素。我不认为这会因人而异，每个记者都应该这样做。

**问**：*您刚才提到了采访学者和专家，有不少外国记者向我们抱怨，中国的学者总是穿着"官服"，总不敢表达自己的真实感受，只是重复着政府的声音。您怎么看？*

**答**：和一些国家相比，中国是存在这方面的问题，但也有很多情况下，学者们会给出非常直接且智慧的答案，会直言不讳地表达自己的观点，什么是不该做的，什么是该做的。当然，我们不是总能这样走运，遇到这样具有改革气质的专家，但这也不是从未发生过。另外，采访代表政府声音的专家也不是全无好处，至少我们可以知道政府是怎么想的。

## 我们不可能总是看到全部的真相

**问**：*能说说您在中国做过的令您自己满意的报道吗？*

**答**：除了前面提到的报道之外，再说个例子，我们写过一个关于塑料袋的故事。大量的塑料袋在中国生产，其中一部分也被出口到英国，使用了5分钟之后被扔掉，废弃的塑料袋会再被运回中国，进行回收利用。这是一个很有意思的故

---

① 李大同，《中国青年报》资深编辑，曾任《冰点》周刊主编。

事，也是一个很有用的故事，能帮助人们更好地了解和理解全球经济，而现在，中国有关控制人们使用塑料袋的政策也出台了。我们进行了很多实地考察，比如到生产厂去，然后如实地反映了塑料袋“生命历程”的每个环节。

再比如，我们做过的一个叫“看不见的城市”的报道，除了在报纸上发表文章，还拍摄了一部纪录片，记录一天从早到晚的过程，去反映中国的发展。片子开头，我们给了农村早晨的镜头，贫穷的中国农民，欠发达的农村环境，随着时间的推移，画面越来越表现出更加发达的社会剪影，最后，片子以繁荣城市灯红酒绿的夜生活为结尾。对我来说，现代中国的故事在于变化与运动，外国资本的进入，农村的城市化进程，农民工进城等，这些都是彼此交错的，因此，我想要在片子里反映这样的现实。这是我最喜欢的一个报道。

**问**：您这篇报道选择了重庆这个特殊的城市，报道手法也有点特别，不是普通的深度报道。

**答**：是的，那里是一个完全不同的环境，不像在北京，每天做一样的事，跟一样的人交流，在那里，环境在变，工作方式也在变。

**问**：在您的报道中，如同其他西方记者的报道，也有很多关注中国的负面新闻。如果说一定程度上这些报道“妖魔化”了中国，您认为这是对您报道的误解吗？

**答**：是的。首先，我个人认为，这些报道完全不是在妖魔化中国。这也是我很期待你这本书出版的原因。我在日本时，接触到一群在美国的日本学生写的一本书，关于外国记者如何报道日本。那本书的中心思想是，外国记者总对日本的“怪异”感兴趣，他们找了一些案例进行分析，得出了这样的观点。我的感觉是，人们总会倾向于记得负面的东西。比如我写了20篇有关日本的报道，其中有2篇是关于裸体电视明星或者卖昆虫的自动售卖机，读者似乎只记得那2篇，其他关于日本经济、文化的报道就完全被忽略了。而在中国，人们只记得有关人权和环境的报道，我自己粗略估计过，这方面的报道在我的报道中不超过四分之一，但如果有报道要被翻译成中文的话，这些更容易被选中。如果我也写奥运的报道，中国读者完全可以通过《人民日报》了解奥运新闻，他们更想要读到一些在中国媒体上不太会出现的报道，这些报道往往就是负面的，人们也就因而很容易“记仇”。

**问**：您在进行报道的时候，有没有固定的新闻框架？

**答**：我想是有框架的，但这样的框架也在顺时而变。我们不是《金融时报》，注意点不在经济方面，不在“富人”身上，我们《卫报》更多地关注社会问题，关注社会问题如何影响经济发展、如何影响普通人的生活。我们报纸的理念是给那些无权无势的人提供说话的机会。当然，我们也会涉及有关商业的内容，这样的“兼顾”是必须且应该的，但更多情况下，我们把注意力和精力放在社会问题上。

关于我们的报道框架存有偏见，这样的批评我听到很多次，一点也不惊讶。我觉得，可能是因为我们揭示出来的问题平常不被人们发现或重视，比如人权或环境问题，或者因为读者考虑问题的角度和我们不一样，会产生这样的偏见，因此比那些“正面的描写”更容易激起人们的讨论。如果我写奥运场馆的建设，就不会引起太大讨论。

同时，我也经常告诉自己，心中要有一杆秤。在中国，我观察到的一个很重要的正面现象就是中国成功地让许许多多的人脱离了贫困。在我前面提到的那次从云南到内蒙古的旅行中，我观察到的比我设想的要积极得多——人们比我想象中的富裕，也拥有更大的宗教自由。我认为这样的正面信息也应该在报道中反映出来。

**问**：作为记者，应该真实地反映现实，不仅达到具体的真实，也试图提供宏观的真实。您是否觉得记者应该具有宏观视野，能以事实为基础，为读者勾勒出关于中国的全景图像？

**答**：我觉得，应该要兼顾宏观与微观，在不同的时间背景下进行不同类型的报道。

**问**：兼顾宏观的时候，也许就不会过度侧重负面的微观报道。在兼顾的时候，怎样避免“妖魔化”的问题呢？

**答**：首先，“妖魔化”是你的形容，我不认为我在“妖魔化”中国。我的确是指出了问题，但是，难道我不应该这样做吗？

**问**：“妖魔化”的提法不是我的形容，是少数中国学者提出的观点，也是一些在海外留学的中国学生的感受。他们反映，在海外读到有关祖国的报道永远是负面的。可见，外国记者对中国的报道有一定程度的倾斜，很难完全真实地反映出中国的全貌。

**答**：这和日本学生的抱怨如出一辙。他们会奇怪，怎么回事，日本人总是被描画成“怪异”的样子。但是，我不这么认为，不管日本还是中国，我认为我都在进行客观的报道。

**问**：可能在中国的美国学生，也会抱怨中国媒体“妖魔化”美国吧？

**答**：有可能，但我并不清楚，可能是因为新闻价值观不同吧。

**问**：作为记者，您认为自己的角色是什么？

**答**：作为一个记者，最重要的职责是发现真相。当然，我们不可能总是看到全部的真相，这不是可以计划的，但应该努力去接近真相。同时，需要接受这样一个事实：记者也可能会犯错误。另外，记者需要听取多方面的意见并自己重新整合，从这个角度讲，记者的工作不是科学。

问：所以定义“真相”也没有必要？

答：毫无疑问，这很困难，是的。

问：英国第四频道驻京记者林夕（Lindsey Hilsum）在接受我们访谈时，将“真相”定义为“真实发生的但人们并不愿意面对的事实”。美国的政治学家李普曼则认为，真相的作用在于揭露事件背后隐藏的事实，并将这些隐藏的事实连贯起来，呈现出现实的真正面貌。您同意这些看法吗？

答：噢，这个问题太大了，我可以写一本书了。我们报纸的一个创始人有一句经典语录：“评论是自由的，但事实是神圣的。”是的，我们不仅需要反映现实，还需要建立事实与事实之间的联系。任何宣传机构，甚至任何人，都可以选择他们需要的事实来加以强调，而要得到事实的“全部”是不可能的，因此，我们只能尽量努力，尝试去给出公正的解释。这也是我不喜欢“妖魔化”这个词的原因。中国不是一个妖魔，这不是“准确不准确”的问题，而是怎样解读所见事实的问题。

## 没有人可以报道中国的全部

问：总体上看，您会如何评价西方记者对中国的报道？

答：我觉得只是“另一种视角”，我们只是给出看待现实、看待问题的另一个角度。而且，我并不同意“西方记者”这个笼统的概念。虽然我们有记者俱乐部，但并不是一个整体，我们彼此之间也有不同的观点与想法。我觉得，根据中国传统的观念，媒体拥有“统一的声音”、“一致的思维方式”，但这不是一个有效的方式。我从来不认为自己可以报道中国的全部，事实上没有人可以做到。让不同的观点共存，才能更全面地看清现实。特别是现在网络十分发达，千篇一律的观点太单薄，而且没有意义。

问：您写过一篇关于网络管制的文章，报道了这里比较严格的网络管制现状，但同时，一些读者认为这篇文章不够全面——网络已经在公众表达、真相传播方面扮演着很重要的角色。您觉得是否应该提及这些积极的方面？

答：我会在其他报道中体现网络在这些方面的积极作用。我不可能在每篇报道中面面俱到，让所有读者满意，所以，要从整体上看我写过的所有报道再进行评价。

问：我的意思是，这样的报道不仅给出了事实，还表达了观点，而您这篇报道表达的观点似乎是，“中国的网络无法扮演积极的角色，因为它受到政府的严格控制”。不是吗？

**答**：我不太记得这篇报道了，那是三年以前的事情，可能因为当时的特殊情况，我的报道是那样的。但我刚刚完成了一篇关于中国网络的报道，现在还没有发表，其中的主要内容就是中国网络的积极作用。我认为，这样的积极作用比几年前更加明显，比如在一些案例中，由于记者在网络上的声音，地方政府被法庭传讯。所以，这一切都在不断的发展变化之中。当时的那篇报道也可能是和当时微软及谷歌发生的一些事件有关。

另外，这还取决于和什么进行比较。和中国以前的状况相比，你们一定觉得网络现状已经得到很大的改善，但如果和西方相比，就可能觉得中国的网络管制是前所未有的严格。所以，这又回到我之前提到的“不同视角、不同观点”的问题。我们可以讨论、辩论，究竟谁的观点更准确或更公平，也可以来逐字逐句分析那篇报道，可能会发现表达不足的部分。但是，我不能保证自己像法官一样，总是能保证一切都是对的，我只能不断尝试接近这个目标。

**问**：我们还想聊一聊您以前的同事本杰明的那件事情，他的报道曾经在中国记者中引起了很大的反响①。您能给再介绍些更具体的信息吗？

**答**：很显然，他的那篇报道是不准确的。我在中国的四年，甚至在我整个职业生涯中，那是最困难的一个星期，而且当时我不在现场。那是一个错误，我们的错误，也是我们报纸的错误。后来，我们也认真地进行了调查，报社派了一个高级编辑过来，和我一起调查这个事情。深入调查确定结果后，我们向读者声明并道歉，我们犯了一个错误。当时，某某日报很开心。我只能说，如果你犯了错误，唯一的做法就是承认并面对它。我们这样做了，并且试着理解为什么本杰明在他的报道里写了那样的内容，为什么会陷入最后那个境地。我当时很着急，一切都不是我想象的样子……那真是难熬的一个星期。

**问**：那么，本杰明最近的情况怎么样？

**答**：他已经不在这里了，好像在意大利，做编辑的工作，我不太确定。

**问**：这个事件是个很特殊的个案，对吗？

**答**：非常特殊。本杰明是个年轻的记者，但有着很高的声誉，曾经因为在非洲的报道而获得过很高嘉奖。《卫报》把他从另外一家报纸挖过来，他的第一份工作就是驻中国的记者。当时，他来中国才两个月。事情发生的时候，我在长江上，和我的家人一起休假。本来我想要做这个报道，但由于一些事情没有能成行，本杰明主动要求去那边，我们就让他去了。可能因为他没有太多经验，对中国也不是很了解，又很不走运。很显然，现场发生了殴打。有目击者告诉我，他以为

---

① 《卫报》记者本杰明利用湖北人大代表吕邦列带路，去某农村采访，结果吕邦列被党委书记手下的人袭击，曾经做过战地记者的本杰明事后写了篇新闻，描述中国人吕邦列的惨死：“失去知觉，没有生命气息了，他的眼睛从眼窝突出，舌头切断，嘴里流血，身体耷拉扭曲，脖子韧带断掉，头一边倒好像是用橡皮带连接的身体。”报道引起一片抨击，谴责本杰明对事实的夸大和臆造。

那个人已经死了。所以，明显有殴打发生，但是不是像本杰明描述的那样。

**问**：那么，您觉得这只是个人的错误，还是与对中国的偏见有关？

**答**：我觉得恰恰相反。本杰明之前去过以色列，亲眼见过有人被杀，见识过以色列暴徒随意杀人，在非洲也有非法的黑手党在滥杀无辜。他没有意识到，中国相对而言要安全得多，误以为在中国也是这样，他不知道在中国，记者是相对安全的。

**问**：所以，您认为这只是跟他过去的经历有关，而不是偏见导致的结果？

**答**：我觉得是和他“这里也一样”的偏见有关。

**问**：您能预测一下中国媒体和新闻环境的发展趋势吗？

**答**：我觉得会更加开放。因特网的存在已经很大地改变了媒体环境。另外，我觉得不同的新闻价值会融合，传统的宣传导向的新闻价值越来越受到商业价值的压力，但改变的结果应该依然是“中国的方式”，不会完全变成“西方的方式”。

另外，新颁布的关于外国记者采访的新法规，对我们来说是个好事。整体来说，信息越公开，社会发展越好，这和意识形态无关，是商业意识，而中国政府有很好的商业意识，所以，我觉得他们会因此做出一些改变，而且情况会越来越好。

**问**：昨天晚上，我们采访了半岛电视台的伊扎特先生，他的新闻价值观和许多西方记者不同，同时，他也表现出对英美媒体的不满。您怎么评价他的观点？

**答**：我并不认识他，无法做出评价。他所在的电视台是一家很新的媒体，做过一些很好的报道。

**问**：他对伊拉克战争中美国记者的表现持批判立场，尤其美国媒体总自诩对政府保持质疑的态度，但在伊拉克战争期间却沦为政府的工具，在替政府发出声音。

**答**：那他肯定没有读《卫报》，我们从一开始就坚决反对战争。在英国，不止是《卫报》，很多媒体从一开始就反对战争。但同时，一个开放的媒体环境应该容许多种不同声音的共存。

**问**：由此可见，文化差异、信息鸿沟依然存在，要建立共识是件很困难的事情。

**答**：一方面，我觉得建立这种“共识”没有必要，就像我前面提到的“不同观点共存”，如果有人对我说，“这就是做新闻应该遵照的方式”，我会马上对这个人产生怀疑。另一方面，由于因特网的存在，我们之间的确建立起了更多的联系，比如我们现在的交流，放在二三十年前可能根本不可能。你坚持你的观点，我坚持我的观点，我们可能会争吵，但结果是更好地理解对方。我觉得，抱有真诚的心态是建立交流平台的基础，也是进行批评的基础，不需要为批评而道歉。

# 有意思的中国故事很难写

## ——日本共同社驻中国记者盐泽英一访谈

### 个人简介

盐泽英一，1963年3月在东京出生。1987年就读于庆应大学文学系（攻读human science）。毕业后就业于共同社，在九州、北海道当记者。1994～1995年在香港中文大学读中文，1995～1997年在日本共同社东京社会部（city news）工作，1997年调至外信部，1998年9月～2000年1月在印尼雅加达工作，2000年12月～2004年4月在北京工作，2005年12月～2007年3月负责长篇报道《兴龙实像》。2007年4月迄今，在中国总局。

## 访谈实录

访谈时间：2008年1月26日下午

### 中国的情况非常特殊

**问**：请先介绍下您的从业经历。

**答**：我1987年3月从日本庆应大学文学系社会学专业毕业，4月就加入日本共同社开始工作，然后一直待在共同社，差不多20年了。这在我们日本很普遍，一般选择一个媒体后，换单位的并不多。你也知道日本的传统文化，我们是终身制，比较崇尚在一个公司，不像美国那样跳槽的比较多。而且，我觉得日本媒体比其他行业更为保守，比如制造业要面对国际竞争，但报业是文化产业，没有国际竞争，我们的工作都在日语文化的范围内，当然国内的竞争很厉害。

所以，我们媒体的工作比较保守传统，也没有那么多跳槽现象。2000年底，我到了北京，在这里工作了4年多，又回到了东京做编辑，2005年又回到北京工作至今，现在我主要报道中国的新闻。

**问**：为什么您在北京4年多，会回到日本做1年多编辑又重新被派回来呢？

**答**：这是我们公司的内部安排，也是因为我们在不断加强对中国的报道力度。我们一般是3年一个任期，但对派中国的记者来说，这个任期短了点。我们非常注重了解中国，2005年搞过中国的长篇报道，2006年又向读者深入介绍中国，把我派过来。我不负责一般的新闻，不做routing work（常规工作），只做专稿，大概一个月写2～3篇比较长的故事。2006年，我们做了85个长篇故事，2007年3月结束，我写专稿的任务也就结束了，我们的这个系列报道后来出了一本书。现在，我负责总局的工作。

**问**：你们这个关于中国的系列深度报道主要报道了什么主题？

**答**：我们共同社和新华社有许多相似之处，日本国内共有50多家地方报社采用我们的报道。这是第一章《新时代人》，报道比较成功、社会关注的中国人，如李宇春、江南春等。我们这个系列报道的选题是很宽泛的，农村问题、教育问题、环保问题等，范围非常广。最近，我报道了四川的建川博物馆，这是中国最大的民间博物馆，一共有20个展览馆，全都是个人搜集的文物，有抗日的，也有“文革”的，最多的文物是“文革”时期的。

问：为什么共同社2006年会做关于中国的大型系列报道？

答：因为2005年中国发生了反日的事件，上海也有游行活动，引起日本的强烈关注。很多人在讨论中日关系今后应该怎么办，我们为了回答读者的疑问，认为比较深入、全面的报道会比较有意思。过去我们报纸上每天的报道主要是中国新闻发布会的内容，可能偏向政治、经济方面，表面的东西比较多，所以这次比较侧重深入报道草根的、老百姓的生活和想法，做了不少需要花费时间的选题，比如留守儿童的问题、三农问题、少数民族问题等，结果大概有30多家报纸选用了我们的报道。

问：这个系列报道一共85篇，您写了多少篇？

答：我大概写了40%，差不多20多个同事一起做。当时，我专门做这个系列。2005年的反日事件后，日本人对中国的关注大了，2008年的奥运会也促使我们不断加大报道力度。3年前，我在北京工作的时候，工作人员一共是6个人，现在一共是13个人，翻了一倍多，北京分社的规模超过了美国华盛顿的规模。以前共同社在国外的规模最大的就是华盛顿，大概10个人左右，现在中国有13个人，超越了美国，可见，我们对中国比美国更注重（笑）。

问：奥运会之前，还会再派记者来吗？

答：奥运会期间肯定人更多，比如雅典奥运会，我们派了50个人采访。北京奥运会，可能会再增派60多个人。现在，我们有专门负责体育的记者，一年前他们就来中国学习中文，现在变成了常驻记者。其他4家日本媒体也都有体育部记者在这里，奥运会结束后回去，日本媒体向来非常重视奥运会，因为人们非常喜欢看奥运。

问：回到刚才的话题，2005年中国发生反日游行，日本人通过国内媒体的报道（有电视台反复播放焚烧日本国旗的画面），可能会有一定的误解。您觉得，共同社这个系列深度报道，让读者对中国的认识会有什么改变呢？

答：一定有作用，只是多大程度的问题。2005年的报道，我们没有做过调查，但日本很多报社做了报道，读者看到了以前没看到过的中国故事。那时候，中国政府批评日本媒体，说日本媒体不客观、太夸张。我个人认为，媒体的本质就是那样，比较特殊的问题是新闻，普通的日常事件不是新闻的，媒体的性质都是这样。我读大学的时候，看日本媒体报道伊朗战争，好像全伊朗都在打仗，其实打仗的只是一部分地区，这是媒体的性质。为了寻求平衡，我们也反省自己，一般的新闻都是做特殊的东西多，所以想多做一点普通的新闻。共同社公司内部对这个专题的结论是很好的，比较成功，相信日本读者对中国的了解会更全面。

问：您在日本工作时对中国的认识，和来到中国工作几年后的印象有什么变化吗？

**答**：肯定有，对中国的认识更深入、全面了，但没有根本性的变化。1984年，我还是大学生，第一次来中国，去上海时大家都穿着中山装。现在的变化太大了，好像另一个国家。

去年，我主要做的是地方性报道，去的都是中国的农村、小城市。之前，我的采访对象主要是政府部门，每周两次的外交部发布会，每周一次的国务院新闻办发布会，知道一点官方的看法。但去年采访了地方老百姓的看法，发现中央的看法和老百姓的看法有可能是不一样的，之间有差距。

我最近的看法是，中国的情况是非常特殊的，一般人对中国政治的关注集中在体制问题。过去我也认为中国很多问题的弊端源头是体制，现在则不一样。你知道，日本过去的发展是阶段性的，如果简化为200年，它发展的各个阶段都集中在中国的当下。比如政治方面，中国中央控制地方，这样的情况发生在日本的明治维新时期，刚开始搞明治维新时，中央的、总理的、天皇的权力很大，地方首长都由总理来定；经济方面，中国的高速发展和日本的（20世纪）60年代很像……综合起来，中国政治和100年前的日本是一样的，经济和（20世纪）60年代的日本是一样的，如东京奥运会是1964年。中国现在面临的情况是没有国家面临过的。怎么理解中国的现状，我也在天天研究。

**问**：您主要用什么方式和渠道来了解中国、研究中国呢？

**答**：刚来的时候，主要任务就是报道中国，参加一般的新闻发布会，还有和朋友的交流。现在，主要的任务也还是写稿子，一边做新闻，主要集中在政治和社会领域，一边想多了解中国，想了解现象之后的东西，中国人的思维逻辑等。2007年中共十七大，年轻记者不太了解怎么报道，因为我采访过十六大，知道一点，可能比他们有经验，对新闻背景的了解也会多一点，比如政治上有改革派和保守派之争。

**问**：报道十六大和十七大，有什么不同的感受？

**答**：采访没有什么区别，报道方面也没有，但可以肯定的是，日本人和国外媒体对中国共产党大会的关注度大了。从中国政治看，十六大的重要性要大于十七大，因为换了最高领导人，十七大是阶段性的大会。但报道方面，新闻的发稿量却多于十六大。这也和奥运会有关，大家更关注中国。

**问**：我看到您在接受采访时曾说，日本记者和欧美记者相比，对中国报道的兴趣点有所不同，欧美记者可能更多关注政治、人权等，你们会从中日关系、亚洲区域的角度去关注金融、经济等，是吗？

**答**：会有的，西方媒体和日本媒体的关注点肯定不一样。西方国家更注重民主、人权问题，日本也会关注这些，但没有他们那么注重，如果日本记者写很多关于人权的报道，稿子的刊登率不会很高。换成英文写报道，会有很多美国媒体刊登，但拿日文写就有可能不刊登。

## 来自一个人的消息源是不准确的

**问**：十七大召开之前，关于政府的人事变动，中国媒体基本没啥报道。你们是从哪里获取消息源的？

**答**：每个人的做法不一样，没有什么权威性的做法。我们并没有百分之百的消息源，写的时候不会有断定，不会写"肯定"。如果在日本国内，我们可以直接采访总理、自民党的干事等，可以有"肯定"的写法。但在中国国内，我们的采访都是间接的，共同社，起码我自己写的时候比较慎重，经常用"有可能这样"、"有人说那样"、"现在这样的看法越来越多"等暧昧的写法。

**问**：您怎么建立自己的消息来源库？同行、学者、老干部还是其他？

**答**：你说得对，有一部分记者、老干部，也有学者，还有一些商人。有很多商人跟领导有关系，有很多消息。来自一个人的消息源是不准确的，如果常靠一个人的消息肯定会有危险，我们得靠各方面消息来源，融合起来进行综合判断。跟这些消息源维持关系，是我们工作的一部分，每个人的方法都不一样。

**问**：举个例子说说您如何寻找消息源，如何写报道的吧。比如，您去年所写的30多篇深度报道中，哪篇比较有意思？

**答**：去年做的长篇报道，的确投入时间比较长，比较满意的有教育、政治、宗教方面的。

**问**：关于教育问题的报道是怎么做的？

**答**：我早就开始关注教育问题，写的教育报道，负面消息比较多，城市跟农村有点不同，但都是现实问题。

我采访过专门治疗青少年心理问题的医院，很多孩子因高考压力太大而出现心理问题。有个孩子，是牡丹江的，学习压力太大，学不下去了，心理上不稳定，就到北京接受心理治疗，从孩子的眼中可以看到全社会的问题。另外，农村留守儿童的教育问题，我也比较关注，去安徽和湖南采访时发现，他们得不到家庭教育、得不到父母的爱，连礼貌都没人教，这样的孩子全国已经有2000万，有的孩子甚至24小时在网吧。

还有上海的"孟母堂"，写这个就是想说明，在上海这样成熟的大都市，已经有超越公立教育的私立学堂，他们的老师会开一些礼仪课，非常注重礼貌，还要每天看《孟子》和《论语》。日本有很多类似的"自由学校"，很多孩子拒绝去上正规的学校，就在这里拿到文凭。但是"孟母堂"不发文凭，如果能像日本那样就会好很多。

**问**：你们决定一个新闻做不做的标准是什么？

**答**：全靠个人吧。首先是有意思，其次是能不能采访，能采访那就去做。可以去找的人看似很多，实际愿意接受采访的很少。举个例子，我曾想采访一个贵州贫困县的农村学校，学校附近有条河，但河上没有桥，差不多27年，老师背着孩子们过河，他因此获得青少年基金会的奖。这是一个令人感动的故事，我找到了老师的手机，他说“可以，你来吧，我接受你的采访”，但因为本地教委的坚决反对，这个采访做不了。我们推测，本地教委会觉得这个事让他们没面子，为什么学校这么穷却不帮助他，也可能有腐败的问题，或者中国人“家丑不可外扬”的传统。

**问**：那你们在做报道的时候，会适当考虑中日关系吗？会考虑中国形象吗？

**答**：也有考虑，但没有规则。我们第一考虑的是，如果报道会不会关闭我们的公司。对日本读者会不会形成负面的中日关系形象，我们也有考虑，但没有明确的划线，还要看那时的社会气氛、编辑的看法和领导的看法。

**问**：去年政府出台了针对外国记者在华采访的新规定，你们可以不经外办同意就能采访。这个新政策，您怎么看？

**答**：这个一定是好的，有好的意义和好的结果，但还没有完全落实。有些人不认这个，他们怕，还是要求我们通过本地外办。

## 日本媒体界曾经是左派的摇篮

**问**：如果在日本工作的中国人，看到共同社对中国的报道，也说“共同社对中国的报道很多都是负面的，他们在妖魔化中国”，您怎么看？

**答**：中国政府也许会说日本媒体对他们负面报道太多了，但中国外交部知道，我们的报道是比较全面的，正负方面的消息都有。具体比例上没有计算过，但是，在报纸上比较突出的大新闻可能负面多些，这个不是恶意的。

另外，日本媒体在历史上的作用和中国是不一样的。我感觉，中国媒体是和政府一样的，要创造社会的好气氛来维护社会稳定。但日本媒体从历史来看一直是批评政府的，特别是二战以后，媒体对政府的批评性很高，一直站在在野党的立场。通过批评改变社会，这是我们记者的普遍看法。所以，日本过去很长时间一直是自民党执政，但很多左派进入媒体当记者，这是一个历史。

我年轻的时候，也对社会进行批评，对日本的资本主义也持批评态度。资本主义剥削老百姓的利益，我也不愿意在公司挣钱工作，这样的人怎么办？所以，大部分人都做记者或老师，媒体界和教育界是左派的摇篮。这样的情况持续了半个世纪。10多年前，日本的情况起了变化，冷战结束以后，日本的左派力量下降了，媒体也产生了很大的变化，新闻观念也有变化：媒体应该中立、应该支持政府，持这种看法的人越来越多。像《产经新闻》、《读卖新闻》比较右派的媒体，积极地支持政府，《产经新闻》明确表明支持安倍政权，以前媒体不会这样。过去40多年，我们应该是客观的，立场也是在野党的。

**问**：是什么原因引起媒体价值观念、政治倾向的变化呢？

**答**：冷战结束了，左派受挫了。“文革”的时候，包括《朝日新闻》和共同社在内，我们写了很多赞同“文革”、赞美“文革”的文章，认为中国的社会主义实现了我们的理想。那时候，我们对共产党怀有理想，共产党是日本最大的在野党，但是媒体的心都在在野党。所以，直到现在一说起这个问题，右派报纸会说：“文革”的时候，你们做什么了？你们都写错了。包括安倍也讨厌报纸，因为（20世纪）60年代，关键的问题是日美同盟，但左派都是反对的：我们不要和美帝国主义一起。最后，安倍的祖父岸信介总理签字的时候也是很孤独的。但现在，稳定的外交关系需要日美同盟，这是社会的共识，也是所有媒体接受的，日本媒体的历史和中国完全不同。

**问**：那么，您个人的政治倾向是什么？

**答**：我不说自己是左派，但肯定不是右派，从没给自民党投过一次票。可能像我这样的人在媒体比较多，媒体本来就是同情于在野党和弱势的人比较多。当然，媒体内部的情况也不一样，我一直在社会部，我们也有政治部，他们部门的记者也许有不同的看法。

**问**：影响你们对中国报道的因素有很多，除了中日关系，是不是还有你们通讯社领导的看法？你们总部领导对中国是更理解，还是更对立？

**答**：总体来说，我们肯定比其他日本媒体更注重中国。你看，我们派到中国做报道的记者那么多，但是公司内部也有各种各样的意见。

**问**：福田首相上台以后，中日关系有所改善。这对你们的报道有影响么？

**答**：基本没有影响，但我们采访更加顺利了，因为中国国内对日本的印象也改善了。过去我搞长篇报道的时候，因为中日关系不好，拒绝采访的人也挺多，现在没有那样的情况。我觉得，中国领导人的看法会影响下层，中日关系不好的时候老百姓也比较不合作。

过去，中日关系不好的时候，恶意的报道比较多。中日关系改善后，日本国内对中国的报道也比以前好多了，好的报道、客观的报道、善意的报道也多了。

**问**：日本的其他媒体，比如《读卖新闻》和《朝日新闻》，他们做的报道和共同社做的有什么区别？

**答**：现在差不多了。《读卖新闻》过去是被看作比较右派的，但去年也做了有关中日关系的长篇报道，做得挺好。2007 年是中国抗战 70 周年，《读卖新闻》总结日本怎样发动战争，比较客观地回顾了日本战争的历史。共同社做得没有他们深入，没有做关于历史的报道。

最近，日本媒体很重视深度报道，报纸也在不断变化，出现很多新媒体，电视的作用也很大。报纸的作用究竟在哪里？为了生存，我们认为报纸的作用在于长篇的深度报道，做分析性的、故事性的、深入的报道比较重要。共同社是通讯社，小稿子、大新闻，两方面都做，没有固定的人写专稿，但总不断有人写。

**问**：相对来说，您个人比较喜欢写消息还是写专稿呢？

**答**：我个人比较喜欢 feature story（特写），因为比较有故事性。

**问**：有没有想过把您在中国关注的题材，也像在印尼那样写一本书？

**答**：有好的题材肯定会写。但就我个人来说，就中国写书难度比较高，因为中国太大了，采访的难度比较大。在印尼，我主要写政治动态，采访过总统，总统副手、秘书等，关键的人都能找到。在印尼民主化的过程中，通过采访我能解释一些决策的出台背景。但是，中国的政治背景怎么写？对媒体来说，背景是最有意思的。日本媒体比中国有意思的是，每天都有背景故事：为什么总理这样决定？为什么今天有这样的现象？与中国相比，政治透明度更高。

日本媒体有个小栏目《总理动向》，每天都会写总理的行程，这个工作主要由共同社、时事社两个通讯社来做。读者看这个就大致知道总理干了什么。我们专门负责总理条线的人，早上 8 点到总理官邸，到晚上 11 点，一直跟着他，甚至总理去剪发都会写。

**问**：您的意思是，因为在中国无法得到足够多的背景，所以很难写书？

**答**：对，就是这个意思。中国，尤其是中国的政治，我们无法了解到。所以，有意思的故事很难写。但是如果专门写一个问题，如教育或农村问题，是可以的。但是，政治方面可能在世界上是最难的。

## 我们绝对不能接受红包

**问**：在跟中国记者打交道的过程中，觉得他们和你们有什么不一样？

**答**：有一样，也有不一样的。中国主要有两种媒体，一种是党报，一种是大众市场报。大众市场报记者的看法、感觉和我们是接近的，特别是南方的报纸和杂志，比如《南方周末》、《南方都市报》、《南风窗》，思想比较解放，我们沟通没什么障碍。

**问**：您觉得，中国新闻环境的发展前景会怎样？

**答**：基本上是越来越松，媒体也要自己去争取扩大报道空间。在这方面，很多记者冒着危险做努力，和政策打些擦边球。我是非常佩服他们的，擦边球擦得好，空间就会慢慢扩大。我们共同社没有打“擦边球”的任务，我们要考虑媒体的利益，会考虑底线，而不会去考虑扩大空间。

**问**：我们都知道，日本的NHK（日本放送协会）是公营媒体，共同社是什么体制？

**答**：它是由地方的小媒体共同投资的。时事社是股份制企业，共同社不是企业，我们有公益法人，但不允许追求利益。NHK主要靠老百姓的钱，我们主要靠报社的钱，有10多个小报社按规模给我们钱，大报纸每年付几个亿，小报纸付几千万，所以，我们不追求利益，不是公司，而是社团法人，比企业的公益性更强，企业只是为了追求自己的利益。这个是最大的区别。

**问**：您本人会在中国再工作多久？

**答**：不知道，我们工作的周期一般是三年，我去年来的，还有两年多。

我有个小疑问，从一个日本记者的角度看，中国媒体报道媒体自己的新闻会比较多，比如今天的《北京青年报》，记者跟踪人大代表进行采访，媒体为什么要报道？在我们看来，会比较奇怪。还有刊登媒体记者在拍照或采访的照片，在日本，绝对不会有这样的情况。

**问**：这个，我可以稍微解释下，在我看来，主要有两点原因。一、中国媒体报道重大活动时，之所以会报道记者的采访活动，是想以此来说明这个活动的重要性和高关注度。这是比较主要的原因——以媒体报道的多少来强调活动的重要，比如两会期间，我们会特别喜欢报道国外记者的登记人数和采访情况。二、有些活动政治规格比较高或规模比较大，分配给媒体的报道名额并不多，报道媒体记者的采访活动也是说明媒体自身影响力的标志吧。

**答**：我的感觉是官方仍然控制信息的情况下，好像假装客观的新闻自由？

**问**：没有。像《北京青年报》这样的报道，是一个自发行为，而非政府安排，也只是想说明媒体关注两会、两会如此重要。其实更有意思的是，像《南方周末》那样的媒体，也经常报道中国记者的生存现状或报道外国记者的报道情况，意义有所不同，鼓励好记者，表扬他、肯定他、报道他，也是在试图推动整个行业的进步，去宣扬专业主义的理念。

**答**：因为日本没有这样的情况，所以我看不懂，中国媒体刊登记者提问的照片是什么意思。在我们看来，这不是新闻。对我们来说，这个“制造”了民主的气氛。还有，很多记者在现场拍自己的纪念照片，可能对他们来说机会很少、留作纪念，比如采访两会的时候在人民大会堂前照相，我们媒体是不这样做的。对我们来说会羞于去做，可能会损害专业精神。作为一个旅游者可以，但对一个新闻工作者来说，感觉不专业。

**问**：说到记者的伦理，您知道中国新闻界的有偿新闻现象么？

**答**：知道，这个和我们是绝对不同的。在中国参加新闻发布会，经常有红包，我们是绝对不能接受的。政府组织的发布会没有，但其他发布会有时候有，我们都是还给他们的。最近，他们也知道外国媒体不接受，就把中国媒体记者和外国媒体拿的资料袋子分开，有时候拿错了中国记者的袋子，我们就会还回去。

**问**：如果在你们共同社发生这种情况，会遭受处分吧？

**答**：在日本国内的话，一定是有规定的。如果知道的话，就有处理。最坏的可能就是开除。日本以前也有带礼物的新闻，比如经济记者，采访电子企业就会得到一个电器，现在小的东西也有，大的没有，接待方面也有标准。

**问**：你看过 NHK 拍的纪录片《激流中国》吗？觉得怎样？

**答**：我觉得挺好。他们有更多的时间、更多的人、更多的钱去拍。我看到，好的片子后面都有中国本地的合作者，要不然，一般的日本人拍不了那么好的。

我最近做了点总结，要了解中国可以关注这些观点，可能会帮助你了解中国。第一，发展中的国家。正因为是发展中国家，所以也是发展中的中国。第二，传统的中国。有那么多的历史、背景，这是历史带来的中国。第三，社会主义中国，这是体制上的。第四，全球化的中国。第五，这是我去年强烈感觉到的——经过“文革”的中国。“文革”带来的问题很多，破坏了很多的价值观、信仰、信念，很多人只相信自己和钱。如果关注了这五点，就可能比较了解中国。如果不了解这些，有的日本人会把问题简单地归于体制，归于民族。我还在发展这样的看法。

# 不喜欢从慕尼黑来判断中国的感觉

## ——《南德意志报》驻华首席记者包克（Von Henrik Bork）访谈

### 个人简介

包克（Von Henrik Bork），现为《南德意志报》[①] 驻华首席记者。1992～1995年，任德国《法兰克福评论报》驻北京记者。1996年，在德国法兰克福写作《中国现实》一书。1997～1999年，任德国《法兰克福评论报》驻亚洲及东京分社记者。2005年，任德国《南德意志报》驻亚洲及日本东京分社记者。2006年4月至今，任德国《南德意志报》驻北京办事处记者。

① 《南德意志报》（*Süddeutsche Zeitung*，缩写：SZ）是德国订阅量最大的日报。该报由南德意志出版社发行，报社总部位于慕尼黑，创刊于1945年。《南德意志报》每周发行6天。报纸的日发行量超过44万份，读者人数超过110万，可以在143个国家购得。该报纸立场自由，欢迎各种观点。所有版面都具备高新闻质量，强势版面包括“第三页”报道版以及首页的每日短评“编余偶得”。

## 访谈实录

访谈时间：2008年1月27日上午

### 我并不是要说中国坏话的记者

**问**：你最早来中国当记者是什么时候？

**答**：（20世纪）80年代，我在德国慕尼黑上大学时开始学中文。1986年，来到北京才开始真正学习中文。从1992年开始，我在中国做记者，直到1995年年底突然被赶走。

到现在，都不太清楚原因，说我攻击领导人。我觉得，自己没有做这个事情。当时，我在一家德国的日报，叫《法兰克福评论报》。我的理解是政治的问题，和报道没多大关系，据我了解，我是最后一个被驱逐出境的外国记者，也会有一些人吹牛说自己也被驱逐过，有的记者这么说，是为了给自己做推广。

驻德国的中国大使半夜里来，突然告诉我要走，对我而言，那个时候比较严酷——还有一个星期签证，没工作、没有地方住。现在回想起来，觉得很好笑，我太懒，本来不会去找更好的工作，现在得到了一个更好的——《南德意志报》是德国影响力最大的报纸。

**问**：后来，有没有琢磨过是哪篇报道让政府不高兴呢？

**答**：是政治的原因：当时中国总理去德国。有人告到外交部，说我的报道引起德国观众上街反对中国总理。我说，对不起，如果我有这么大的权力，我自己当总理，就不在这儿玩了。但这是很老的事了，现在中国政府也欢迎我回来，我是2005年回来的。

**问**：离开中国的这十年，你在德国做什么呢？

**答**：先失业了一段时间，一年零三个月都没有工作。我写了一本书，关于中国的德语书，名字翻译过来叫《中国的真实》。最开始出版人跟我提出，“truth China”不妥当，我一个人无法知道整个中国，没那么客观。他就改成了“many truth”，真实就是复数了。这本书的内容基本上就是我写得比较长的报道，再结合自己的一些经验。写完书之后，我去了日本，在日本待了8年，还是给《法兰克福评论报》服务。

**问**：为什么在日本待了8年又考虑回到中国？

**答**：在日本的时候，就换到了《南德意志报》，报社说驻日本的记者退休后由我来接替。工作5年后之所以回到北京，可能是因为第一次走得太突然，在北京还没玩够。中国很多政府部门，特别是外交部，一直对我们很客气。了解我的朋友都知道，我比较喜欢中国，并不是那些要说中国坏话的记者。

**问**：如果是新来中国的外国记者，如何在最短时间内了解这个国家呢？

**答**：并没有一个好的方法。我的方法就是，尽量少一点自己的判断，多听一点懂行的人的话。记得，刚到日本，我没有时间去了解很多事情，他们让我写一个关于日本银行金融政策的报道，这么专业，我哪知道？只能采访很多专家，采用他们的意见，有相反的意见也都放上，给读者看。记者就是这样，做每一个报道并不能都成为每一个领域的专家。最重要的是，你尽量努力，找到专业的人。我永远觉得时间不够或理解不够。

**问**：除了采访，还有没有其他途径？

**答**：长时间地待在一个地方能帮助你，跟当地的人接触也是挺重要的。通过看报纸不一定可以理解中国，因为有一些特殊因素，比如报纸的宣传、审查。

**问**：你会经常参加政府机构组织的新闻发布会么？

**答**：正好相反，我很少去新闻发布会，因为是给报纸写新闻，不追求动态的东西。如果外交部有个新闻发布会，一小时后，我在网上就可以看到各通讯社的报道。我偶尔去发布会，是为了看看别人提什么问题，提问对我来说比回答更有意义。另外，如果新闻发布会和我要做的某个选题有关，肯定是要去的，政府的观点必须报道，但大多数新闻发布会对我来说没多大意思。

**问**：你的朋友主要是什么职业？主要通过什么方式去交朋友？

**答**：第一次来中国是20年前，所以，有很多老朋友：工人、农民、学生、老师、艺术家。

**问**：这些人中，哪些人对你做报道帮助最大？

**答**：这个说不准。举个例子，昨天约了一个中国朋友去散步，他是个电影演员，突然有个奇怪的要求，想去故宫，于是，我们就到故宫去散步。在散步过程中，我起码找到三个新的题目，想从现在开始研究一下。其中一个就是故宫墙上的红漆掉得很厉害，以前去故宫，偶尔也看到掉色，这次感觉特别厉害，估计空气污染对故宫文物的破坏特别厉害。现在，政府虽然花钱在修整故宫，但可能污染的速度比装修要快。所以，我要找专家来确认，是不是破坏比以前更快，其中污染的因素有多大。奥运之前，空气污染是个敏感问题。如果能找到专家，敢说话，那将有一篇很有意思的文章。如果找不到的话，会麻烦一点，不能光凭我自己的猜测。如果坐在办公室或没有很多朋友的话，我肯定找不到这样的选题。

问：这是第一个选题，另外想到哪两个？

答：一个是妃子的每天生活。我的朋友说，他看出溥仪是同性恋。我觉得，这个很有意思：中国的最后一个皇帝是同性恋，可以看看现代人对这个问题的看法。同性恋的题目，我以前也写过，现在可以研究一下历史学家对这个事情的看法，有没有做研究。

问：第三个呢？

答：第三个，我记不起来了（笑）。

## 选题的判断标准就是“厨房喊”

问：你到中国这么多年了，中国在你心中到底是什么样子的？

答：这个很难说。第一次来北京就可以看到，经济发展特别快。有两个德国来的朋友，先到北京，我建议他们不应该只看大城市、有钱人，我们应该尽量去农村看看。

我很喜欢中国，为什么？喜欢中国人，也很喜欢这个国家现在的气氛。虽然存在很多问题，但很多人相信会越来越好：一个是相信个人的事业有前途，一个是相信国家会越来越好。这样的气氛在很多发达国家就找不到，比如说日本人，很富裕，可脸看上去好像每天吃很多苦。中国的发展和变化，使中国人的精神面貌非常好。我对中国的看法很矛盾。

问：你怎么看待过去10多年，新闻环境的变化？

答：有变化。现在报纸多了，比过去丰富多了，可以看到《南方周末》——可能是我所看到最好的报纸，还有像《财经》这样的杂志。（20世纪）90年代的时候，已经有很多勇敢的记者偶尔发表一些揭露真相的文章，但总的来说，他们还是比较困难的。现在，越来越多的人敢说真话，挺好的，一定有进步。

问：你在《南德意志报》这两年，主要做哪方面的报道？或者什么都可以？

答：是的，我是驻北京的记者，什么地方都可以走。因为最近报纸对经济报道的需求越来越大，我的一个同事专门在上海写经济，这个方面我写得少一点。我主要写政治方面，如果有空，也写文化、社会，主要是类似特稿的报道，发在报纸上比较有影响的第三版。我比较喜欢给这个版面写稿子，文章好不好决定着他们对我的看法。我们的编辑部很大，100多个编辑，每个部门不停地给我打电话，有很多的要求。所以，我总没有时间去写我认为更重要的特稿报道。

问：为什么你最喜欢做特稿？

**答**：因为做这个，我可以跟人说话，可以腾出点时间采访，真正抽出一点时间看一点东西。要先做调查，然后写东西，现在，这越来越变成一种奢侈了。很多编辑强迫我写当天的东西，有时一天写两三篇，说实话，压力很大。都是看到一个通讯社的消息，然后要求我也写，哪怕还有一个半小时要下班。如果我完全不同意，好像也不太好。另外，中国和德国有时差，他们可能晚上8点给我打电话，要求9点半发稿子。那时候，你还能采访到谁？所以我必须工作很快。

问：过去两年，你给这个版面写过多少篇文章？

**答**：可能10篇左右。他们应该给我更多的时间写这个，这个需要起码一两个礼拜的时间来做调查，采访人，去实地考察。

问：用什么标准来确定一个选题做还是不做？

**答**：我认为，最重要的是对我的读者有没有意思。标准很难判断，就是凭感觉。第一，是你自己第一次听到可能会有这样的反应："哦！真的吗？"我上的是德国比较有名的汉堡新闻学院，可以说是德国最好的新闻学府，6000人中选15个去读，毕业后，可以在德国的好媒体工作。在课堂上，我们接受到的教育说，对读者有意思的新闻，标准就是"厨房喊"。解释一下，50年前的德国，主要是女的在厨房做菜，男的在客厅里看电视，大部分新闻是左耳进、右耳出，没什么意思，突然间来了个特别有意思的新闻，男人就会向在厨房里的妻子喊："哎！你听说了吗？我们的总理会见了达赖喇嘛！"

问："厨房喊"也就是指那些让人感到吃惊、又想告诉别人的新闻。

**答**：很多有意思的新闻，会有人告诉你。只要你跟人接触，人家都会说："你听说了吗？谁谁被抓起来，或是死了！"中国有很多的消息来源，都忙不过来了，所以我很喜欢在中国工作。

问：消息来源多，有时候也会让人困扰。如果碰到10个符合"厨房喊"标准的事情，你又怎样选择？

**答**：如果一个事件是我最近写过的，就不写了。比如12月底，胡紫薇因为二奶问题上台闹①。本来我觉得够有意思。那是每个男人的噩梦，很多人都关注。但最近我写了一个选题，反映中国有越来越多的"二奶"开始抗议、开始找律

---

① 2007年12月28日，CCTV5在北京召开更名为奥运频道的仪式。会议进行到某个环节，主持人张斌正要介绍乒乓球运动员王楠上台之前，他的妻子、北京电视台主持人胡紫薇突然走上台，拿起麦克风开始讲话："2008年来了，大家都能过一个好年，我和张斌就不能了。"随后她断断续续说，意思是张斌表面一套，背后一套，貌似两人发生了感情纠葛。详见《央视名嘴张斌家丑外扬　妻子胡紫薇大闹发布会》，《南方都市报》2007年12月29日，文/钟合。

师，胡紫薇事件虽然有意思，就不能再写了。那么多的题目，不能几个月就只写中国的二奶问题。我们找过那个女的，想和她说说话，但没有找到。

**问**：你最近在写什么稿子？

**答**：最近写三峡的环境，水污染的问题。三峡库区有很多工厂污染得比较厉害，以前水可以把污染物冲走，现在有了三峡大坝，反倒冲不走了，已经出现了“开花”问题——蓝藻在水库里开始繁殖。这个是以前没有预测到的。其他还有很多新问题，比如移民问题还没有完全解决，我又采访了一些移民，还有很多人没有得到赔偿或赔偿不够，有些腐败官员骗走了他们的钱。

还有一个新的题目我也在研究，是山体滑坡。有160多个地方集体滑坡，整个村子慢慢掉下去了。去之前，我以为可以看到滑坡的过程，但实际上是慢慢掉下去的。我去的那个地方有个崩裂，突然间在山上出现一个300米长、1米多宽的裂口，很可怕。整个村子里的人都要搬走，变成移民。这样的工作是最有意思的，要出去和人说话，但这样的机会太少了。

**问**：过去两年中，你做的报道中比较满意的有哪些？

**答**：没有。真的，我不是谦虚。因为我觉得可以做得更好，给我更多时间和钱，我会做得更好。要进行更多的调查，还有看更多的书。

**问**：相对满意的，有吗？

**答**：相对满意的是最近一篇关于越南战争的文章，叫做“Agent Orange（橙色落叶剂）”。到现在，还有很多人是这个毒品的受害者，一是当时接触到它的人，二是他们的第三代、第四代出现很多残疾的孩子。在越南，有几十万这样的人。这是我在越南时写的文章，被收在《南德意志报》60周年出的一本书中。我自己也对这个故事比较感动，做得比较努力，花了两星期跑了越南北部、南部、中部。

**问**：关于中国的报道呢？如果你们报纸要再出一个集子，选你一篇报道，会是哪篇？

**答**：不知道。那个时候被赶走，他们就选了几个通讯来发表，没有什么令人满意的。我给你一个读者反映比较好、编辑未必喜欢的文章，关于留守儿童的问题。为什么选这个题目呢？现在，民工是一个很大的社会问题，应该写一些让人理解民工生活的东西。这是一个新的角度，介绍这些民工的辛苦生活，很多人希望孩子上学，但学费不够，收他们很多钱，不知道为什么。

我找了一个四川农村的小姑娘，去任何比较穷的村子里，都能找到这样的留守儿童，但估计一去马上有很多人围过来，采访的时候有100个人在身边是不好的。我喜欢先联系好，知道要找谁，就用不着别人管，最多问问路。这次比较幸运，找到了那个孩子，陪她度过了一天，从早上上学，到晚上回家。德国的孩子下课后可能学习或者玩，但这个女孩一回来放下书包就开始做家务，家里只有爷爷在，老人身体不好。她要砍柴、烧火、做饭、洗碗，特别累，直到晚上才去做作业。我没有加什么东西，只写了她一天的生活，像纪录片一样。文章最后，加了点关于留守儿童的背景。

很多人读到文章后很感动，觉得孩子这样太苦了。这个星期，有十几个德国、瑞士的读者想给这个孩子捐钱，我最近一直在忙这个。一般我不做这个，没有时间。

## 我不可能给你提供全面的中国

**问**：想跟你聊聊被翻译成中文的两篇文章。一个写的是2005年的佘祥林案①，把这个刑讯逼供的事件跟中国政治联系到一起。这是不是你写报道的惯性思维？

**答**：那个事情引起广泛讨论，但这样的事情，我要写特别多，一天甚至要写3篇。当时，国外很多通讯社报道了这个事情，我的编辑看到了，也打电话给我，说他的版面有个空地方，告诉我要写120行，用一个半小时。那个报道就属于这样的文章。

**问**：这样的报道没有直接采访，主要参考其他媒体而进行整合、改编？

**答**：对。没有办法，只有一个半小时。我们的工作压力越来越大。

**问**：还有一篇文章 *Fuck You China*②，是怎么找到这个线索的？

**答**：德国的编辑给我提供的，希望我写，我做了一些调查，给一个设计师打电话。

**问**：那个设计师在德国，为什么总部不派德国的记者去写，而要派在中国的你去写呢？

**答**：这个问题很好。让我去写估计是因为里面有“中国”这个词，他就拨了中国办事处的电话。他本来以为这是个中国事情，因为很多中国网友很生气，不过我觉得应该问一下德国那个设计师，发现很多人威胁他，从北京、香港打电话骂他，有几千个，搞得他都没法工作。本来是个小事，但威胁得那么厉害，就是另外一个层面的事情了，就是现在中国“伪爱国主义”的负面体现。这篇报道被一些中国爱国学生翻译过来，我不奇怪。

---

① 1994年，湖北省京山县雁门口镇何场村九组村民佘祥林因被怀疑谋杀妻子而被捕入狱。事隔11年，当年的“亡妻”突然出现，尘封已久的案子重又浮出，成了不折不扣的冤案。

② 一个德国设计师Philipp Plein在一件开司米羊绒上印着“F－U－C－K YOU CHINA”的字样，后来遭到很多中国网友的强烈抗议。

**问**：在这篇报道中，如何体现消息来源的平衡原则？我们看到的，主要是采访德国公司的，但没有看到采访中国网民或者学者的看法。在我看来，网络上这种批评不是主流，只代表年轻人因爱国感情而非理性的行为。

**答**：我没有写所有的中国人都这样，写得很清楚，只是一些网络上的假爱国主义的行为。

**问**：如果这个事情倒过来，一个中国设计师在衣服上设计了类似的文字，德国的年轻人会怎样？

**答**：我不知道，不敢说，希望没有吧。我的题目并不是想说德国和中国哪个好。我在中国工作，对新闻的理解是主要报道社会的问题，好的东西不是我的题目。

看我的文章，要求对当代中国有全面的描摹，我不能提供。你还是要自己看，自己来结交中国的朋友，才能真正地了解中国。要从新闻报道中来了解中国，既不是我对自己的要求，也不是我们报纸给我提供的机会。我们每次报道的都是小小的问题，但不是说，全中国的社会都是这个样子。

**问**：这也是我们想请教你的问题。如果一些在德国的中国学生，长期看你的报道，等他们回国的时候，碰到你说："包克，你做的东西太不客观了！都在做中国坏的东西。"你怎么回答？

**答**：就是刚才说的：我不可能给你提供一个很全面的中国。如果一个社会没有问题，政府把什么事情都处理得很好，那不是我要写的题目。这是我们对新闻的理解，新闻就是问题和 bad news（坏新闻）。我每次的选题要么是好玩、有意思的，要么是负面的新闻，但这并不说明中国的每件事都是这样子的。

德国的读者是懂得怎么用媒体的。几乎所有德国媒体对中国的报道都是负面的，我在日本也写过关于他们社会问题的文章。其实，我去哪儿就会报道哪儿，没有什么对中国人的歧视。如果我在德国，就会写德国的沙文主义，东德刚开放的时候我就写过。

## 没办法完全客观，但起码要尽量

**问**：中国政府颁布了奥运期间外国记者采访的新规定，你怎么看？

**答**：我的很多同事都觉得这是一个进步，但对我的工作恐怕没有太大的作用。从 1992 年第一次在这里做记者到现在，我的工作方式没有区别：不找外办直接找当事人。很多题目，你不可能跟当地政府官员当面交流，你去问他，他要么拒绝，要么妨碍你的工作。我本来就认为，不应该有这样的限制，现在你把它取消了，也可以说是种进步吧。

问：你觉得，真正理解一个国家和做这个国家的报道之间有很大的关系吗？

答：有。但我个人的了解不会影响我所有的工作。

问：你所在报纸的取向，尤其这种比较快餐化的日报发稿机制，会伤害新闻的全面和深度。

答：我不会说我报道的是“真相”，这个词太大了，我只能尽量避免出现很恶劣地写错一件事或者伤害一个人。

问：你最初做记者的冲动是什么？

答：我比较喜欢写东西，是从这个爱好开始从事新闻工作的。刚开始，我还没想好，想过要做导演、写剧本，到中国来留学，也是在中央戏剧学院呢。那时候，我在中国旅游，1986 年的时候，中国还很穷，我就想选一个对社会有用的职业。做导演拍戏，是给中产阶级看的，他们什么都有，做的东西就是供他们娱乐。我想做的事情不一定能直接帮助人，但起码能为社会的改变起点作用。

问：你说帮助社会改变，是改变德国社会，还是中国社会？

答：报道一件真事，提高一个人对一个国家的理解，总不是件坏事。这种改变没那么直接，你写了文章，除非有人生气，骂你，这样坏的影响有，好的反应很少。

问：你们的报纸网站上，每篇报道后面会有 BBS 跟帖吗？在中国，网民评论新闻非常积极、活跃。

答：我们的网站里，新闻没有跟帖，很保守。中国的网络媒体比德国进步多了，德国是非常保守的国家，对新技术特别不敏感，总是很慢，过几年可能会有吧。每篇报道后面可以评论，这样的形式很好。我的读者是给我写信，每封信我都回。

问：欧洲新闻业和美国新闻业的理念有所区别，比如，你们不会过度强调客观报道，对在文章中加入自己的见解更加宽容，是这样吗？

答：这不是个好事情。有的编辑觉得这样好，认为会提高读者的理解。在这方面，我还是认为报道应该客观，我们报纸第四版是评论，在那里可以写。虽然在报道中你没有办法完全客观，但起码要尽量。

我在这里学到的是，报纸不能小看读者，你记录客观的事实，读者自己可以判断。这样是最好的，但在你每天的工作中这是做不到的，没办法在报道中避免自己的看法。

问：新闻工作很多时候必须遵从编辑部的价值惯例，又必须受制于一些客观压力，比如时间表（time table）的发稿时间截止要求。

**答**：很多事情非常可笑。举个例子，最近中国政府出台一个新规定：从2008年6月1日起，不能再免费提供塑料购物袋。这当然是好事情。一个通讯社写了篇小文章，被我们的编辑看到了，正好他缺一块东西，而且已经想好了观点，写奥运之前中国人对环境保护的态度在改变。然后，我想了一下，觉得中国人、中国政府对环境保护的态度是在改变，但这是个过程，既然开始了，奥运前会这样，奥运后也会继续，不用塑料袋跟奥运会之间没什么直接联系。编辑打电话来问我，我反对，觉得这事和奥运无关，我们可以从中国的白色污染治理角度写。

**问**：你们报纸这么重视的报道，你的任务又如此繁重，为什么总部不多派几个人来中国？

**答**：没钱，他们不想花这个钱，又想把报纸办好，又不想花钱。这个问题，你们得去问我的出版人。我们报纸在中国派记者有20年了，一直都是一个人，奥运会开的时候，会派一些暂时的记者来。有时候，你只能做一个选择，很多事情没法报道，只能找一些重点。

**问**：你写得越多，收入难道不是越多吗？

**答**：收入是固定的。一周写一篇和写十几篇是一样的。这不是最大的问题。我可以写得很快，但就是不喜欢那种从慕尼黑来判断中国的感觉，但也没有办法。

**问**：1996年，现在清华大学任教的李希光教授与人合作过一本书叫《妖魔化中国的背后》，认为西方媒体“妖魔化”中国。你知道吗？

**答**：听说过。很多中国学者的观点都是从民族主义出发的，我不大感兴趣，我觉得，我们没有刻意要妖魔化中国。

**问**：中德的关系会影响你的报道吗？

**答**：最近我们的总理会见了达赖喇嘛，在德国，主要是德国内部的政治问题。德国现在是两党联合执政，所以有个奇怪的现象：总理是保守派，外交部长是社会民主党的。他们两个人有矛盾，也是两个党派的矛盾，这些矛盾也影响了我们的外交政策。至于会见达赖喇嘛，外交部长就批评了他的老板——总理。关于是不是该接见达赖喇嘛，这样做是不是对中国不好……这在德国讨论得很厉害，很多人担心德国在中国的大公司。我对这种东西不感兴趣，但又必须进行评论。中国政府说他是分裂分子，这是中国政治的问题。

**问**：你会想到，这种观点的报道发出来会有什么影响？

**答**：往往我最不感兴趣的东西又是最敏感的问题。这个文章发表后，最大的风险不是中国政府，报纸内部也有很多党派纷争，有的编辑是偏向这个党的，有的编辑是偏向另一个党的。如果你的论调与一个正好和你观点相反的人相左，这个人又是可以决定你下一步去哪儿的人，那是很危险的事。虽然我不喜欢，但它的确是工作中的一部分。

**问：**你会继续留在中国工作多年吗？

**答：**再待几年吧，没什么计划。

# 以理解的心态去看待中国

## ——新加坡《联合早报》北京首席特派员叶鹏飞访谈

### 个人简介

叶鹏飞，新加坡《联合早报》北京首席特派员。祖籍福建同安，1967 年在新加坡出生，已婚，育有二女，获新加坡国立大学历史系二等荣誉学位。大学时对儒学、东亚历史、西洋战争史产生兴趣，毕业后加入新加坡外交部，历任外交部礼宾官、驻东京大使馆二等秘书（政治）、外交部第三司中国事务助理司长等职。2001 年加入《联合早报》，2002 年派任《早报》驻台北特派员，2005 年转任驻北京首席特派员。

## 访谈实录

访谈时间：2008 年 1 月 29 日下午

### 新闻无可避免地要受价值体系影响

**问**：您什么时候来的北京？

**答**：我是 2005 年来的，6 月 4 日，我从台北直接过来，刚好我们报社作了一些编制上的调整，因为大陆的新闻越来越重要。

**问**：中国对于新加坡来说，跟其他国家相比，有什么特别意义吗？

**答**：对新加坡来讲，首先因为《早报》是一份中文媒体，是新加坡最大的华文报纸。我们的读者群有大概有 75 万——不算早报网，它是另外一个市场，这些新加坡读者中有相当一部分对中国非常感兴趣，包括新移民，就是指近一二十年移民到新加坡的，他们对中国当然更有感情。所以，这部分读者对中国的新闻的需求是很大的，对中国的发展也很关心。

**问**：所以，你们报社要增加给他们提供的关于中国的资讯量？

**答**：对。还有很实际的就是中国的崛起，使得新加坡商界也越来越重视中国（过去比较关注的是文教界），对中国新闻的要求就会加大。从 2007 年 9 月或 10 月开始，早报网又增加了一个服务，就是把中国新闻翻译成英文。

**问**：刚才您讲到，早报网和《联合早报》采取完全不同的运作模式，因为网络阅读比较方便，早报网在大陆拥有的阅读人群远远要比在新加坡的高。是不是这样？

**答**：对。早报网每天的点击量，高峰时有 600 万到 800 万，八九成来自大陆。

**问**：你来大陆后对这里有什么感觉？跟来之前的印象有差异么？

**答**：我来到中国大陆之后，反而觉得，可能从人身自由的角度来讲，中国大陆是比新加坡还要宽的，没有很多限制。我觉得，作为一个人，只要不涉及政治面，在日常生活方面，其实在大陆是比在新加坡活得舒服自在。比如，在新加坡，在咖啡厅就不能抽烟，它规定有空调的地方就不能抽烟。你不能咀嚼口香糖，因为买不到，被限制了……有很多很多的限制。对一个人来讲，你有很多无形的束缚，久而久之，在这种体制下生活得久了，无论做什么事情都会想：这种事情可不可以做。但在大陆就没有这种限制，你可以说是没有法制观念或者可以用什么负面的评语，但是无论如何，它的空间是很大的。

**问**：你对大陆的政治体制、经济发展等方面，最基本的评价是什么？

**答**：如果要简单地说，我持一种比较乐观的态度。整体上，这个社会是在进步当中，是朝向一个更加重视法制、更加开明的方向在走。虽然走的过程中并不是那么顺利，但它是在往这个方向发展。因为长期的体制所累积下来的各种问题，在这个开放和行进的过程中，难免就会暴露出来，甚至出现很多荒谬、不可理喻的现象。你如果没有从这个历史长度去观察它，光看着一段的话，就会感觉不可思议，很荒谬，有很多违反常识的东西出现，但如果你愿意去以一种同情理解的心态去看待它，然后设法去了解为什么会这样，我觉得会得出一个比较乐观的结果。

**问**：你说要用“同情理解的心态”去看待中国，这种心态在境外媒体的记者中普遍吗？

**答**：不好说。你不能说美国记者都没有这种心态，或者说，美国记者都带着某种偏见去看中国——每个人都会有偏见，包括我也有，比如说对于某些事情、某些价值体系，你的信仰，你所造成的偏见，每个人都会有。根据你的价值体系，无论你如何客观地去看事情，你肯定会受价值体系的影响，那个判断肯定是来自你的教养过程的。

**问**：对。比如，多数美国人或者欧洲人一定会基于自己的成长、经历，认定西方的媒介制度更加完美。他们恐怕很容易断定，这里的体制是威权的、不民主的，也很难有你刚才说的从长远、理解角度看中国的心态。那么，你的这种看问题的角度和心态是怎么形成的？

**答**：方方面面吧。首先是我个人的教育背景属于华文教育，父亲年轻时候也是对社会主义信仰有他的认同，甚至那时候向英国人争取独立的时候，他也参加过学生运动，所以他也非常崇拜毛泽东。因为家庭背景，我小时候对中国也并不是完全没有了解，但是从他那套观念中过滤下来的中国印象，感觉中国人都是好的，共产党员都是好的。他具有那种比较理想主义的罗曼蒂克的观点，因此导致我对中国有一种好奇和兴趣，而且我本身对历史有兴趣，也阅读了中国的历史。但是，对1949年之后的中国体制是怎么样的，我这方面的知识真的是空白，一直到我2005年来到大陆。所以，你可以说是我是有一个历史上的、文化上的中国的印象和参考系，然后对比当今的中国，因为我自己的文化认同是中国的，自然会尝试着去理解中国，也比西方有更多的亲近感。

**问**：你在理解中国的过程中，也比别的西方记者会少很多的障碍吧，比如语言问题？

**答**：这个就很有趣了。我一直跟很多新加坡朋友讲，以前看过一部美国电影，里面有一句对白，一个英国人对一个美国人讲："we speak the same language, but we don't speak the same language." 就是说，我们虽然都说普通话，但我们背后的思维观念是很不一样的。你跟一个中国人坐下来聊半个小时之后就会发现，我们的观念有很多很多的差异，虽然我们都说普通话。比如，在我们成长的环境里，"宣传"是一个负面的词语，可它在中国是一个很正面的词——要有宣传导向、舆论导向。

**问**：中国和新加坡都使用华文，都是亚洲国家，而且儒教传统对这两个国家都有很深的影响，既有差异，也有共性。你有没有比较过你对中国的认识和情感跟你所接触的欧美的差异呢？

**答**：没有仔细、系统地想过，但有一些个别的例子。比如前年还是大前年，我们参加外交部组织的记者团，去西藏采访，因为这是官方安排的活动，我们可以看到西藏的发展、各种建设成就，但西方记者会说，这是汉人在殖民藏人，这是对藏民族传统文化的破坏，这是一种文化侵略。你不能说这个观点是错的，他们代表着一种观点，他们在采访、在观察的时候，就会受到这种观点的影响。同样，在看拉萨闹市的时候，我看到一个在发展的城市，他们看到的是一个汉人盘踞的心脏，都快看不到藏人了。

你不能说哪个观点是对或是错，都是基于同样的观察得出的不同结论。长期以来，他们就是受到这种价值体系的影响，强调文化的多元性，弱势文化尤其要受到尊重等。在采访过程中，我就问西方同行，你们不觉得藏人物质文化的提升也很重要吗？我认可要保护他们的文化传统，但在保护的同时，难道就意味着他们就要永远处于物质匮乏的状态？那或许是西方记者没有去想的，他们的直接想法就是：唉，你在破坏藏人的传统文化。

**问**：为什么你去理解他们的思维和价值判断会容易一些，反过来他们要理解你的心态和角度会比较难？

**答**：因为西方的价值体系是主流的，全世界的人都知道，什么民主、自由、博爱等都是西方来的。它现在是一个主导，属于强势文化，大家比较容易去认同它，去理解它。相对而言，西方就没那么必要去理解其他文化对同一件事情是怎么想的。

**问**：你这个例子其实很典型，同样发生在中国的事情，不同的记者会将自己的价值体系投射和反映到报道中，得出的结论是积极的还是消极的，是正面的还是负面的，或许就会不一样。

**答**：对。如果再跳开来看的话，我可以再从那个西方记者倒过来看我自己，可能他会觉得：你也是汉人，所以不觉得藏人的文化摧毁了，会有什么不对的地方，你认同汉人所做的一切，因此认为这样做是为了西藏好。这个道理也说得通啊，在他们看来，或许这是我自己的偏见。

问：你后来比较过，那次关于西藏的报道，你做的跟他们做的有什么不同？

答：我没有具体去看他们写了些什么。我根据自己的观察去写，也不刻意回避什么，这也确实是一个值得思考的现象：是不是确实在发展经济的同时，破坏了藏族的传统生活方式，影响了他们的文化传统或者扭曲了他们的文化发展。但是，你不能因此抹杀了西藏基础建设的成就。

## 中国人对新加坡的认知可能是片面的

问：从整体的媒介格局来看，谁呈现给公众的中国面孔才是更真实、全面的？

答：恐怕没有一个统一的面孔吧。很多时候，报社有它的立场，但更多时候还是要看记者的个人功夫、个人的观察力，还有他有多努力地想要了解报道对象。如果带着强烈意识形态，可能写的报道没有偏离事实，但呈现出来的面貌是强烈反映他个人主观想法的。

这跟记者本身有很大的关系，不能一概而论。当然官方一直有这样的看法：西方媒体在妖魔化中国。这也不尽然就是事实的全貌，虽然不排除这种可能。事实的全貌太复杂了，取决于记者个人、报社的立场，对某些问题的看法每个人有每个人的价值判断，同一家报社不同的记者写出来的东西可能都是不一样的。

问：你的新闻价值理念是从哪里来的，受过专门的新闻教育么？

答：我没有接受正统的新闻教育，不是新闻系毕业的，大学是学历史的。应该说，我的新闻价值体系是倾向于西方的、主流的，很难避免受他们的影响，就是说，至少你要呈现事实，当然对呈现事实这个要求本身就有很多争议。媒体的职责除了要呈现真相之外，还要对社会的不公不义、对权力进行监督等。我个人还是比较受西方主流价值的影响。

问：如果这个价值体系是相似的话，在选择处理新闻的时候，你跟他们应该也比较相似？

答：对呀，某些题材，比如人权问题，我们也会经常注意的。

问：你认为，中国老百姓对新加坡的认识和新加坡老百姓对中国的认识，哪一个更加真实准确？

答：我觉得，中国人对新加坡的误解大过新加坡人对中国的误解。

问：如果说有误解，误解在什么地方？比如，一些中国人会认为，新加坡是一个非常人治的国家，迄今保留着鞭刑，这是家长制的管理，但经济方面新加坡又高度市场化。

**答**：你对新加坡的理解比较符合真实。我所谓的误解是，大家觉得它是很有秩序、很干净的，而且高薪养廉，这是很表面的、印象式的理解。不能说中国人对新加坡的认知不真实，可能就是片面吧。因为一个小国与一个大国对比，小国自然会关注大国，相比而言，大国没有什么必要关注小国。

**问**：作为驻外记者，你在中国做报道的时候，你觉得自己的使命是如实记录中国发生的事情，还是也要向新加坡人去阐述中国到底是怎么回事？

**答**：我不敢把自己的标准设得太高。因为首先要对自己的能力和报社给的资源有一个比较理性的估计，比较幸运的是，我刚好在这个时候来中国采访，我觉得，我是在记录历史。我是没有任何证据的，只是一种感觉，感觉这是一个历史性的阶段。中国在朝着好的方向发展，可同时，也有很多看得到看不到的危机和隐患，这不是一帆风顺的过程，中间可能出现危机变动。Bad news is good news（坏消息就是好新闻），对做新闻的人来讲，在这里是有很多机会的。无论中国的发展朝什么方向走，这里肯定会有很多新闻可以做。

**问**：如果有些中国人在新加坡短暂居住，也看《联合早报》，看了三个月之后说：经常读叶先生的报道，你怎么总说我们大陆的坏话呢？

**答**：哈哈，我们也不是报忧不报喜。

**问**：新闻学理论中讲“宏观真实”和“微观真实”的差别，你对每一个事情的报道做到了具体的真实，但把你的报道联系起来看，让我们对中国形成的整体印象未必是真实的。

**答**：对，但受众不是只看我一个人的报道，必须也要宏观来看，他如果看整个《早报》关于中国的版，我的报道只占一小部分，他应该看到全面的报道。《早报》会有官方记者会、新闻发布会公布的正面消息，也会有我们记者自己观察的不是那么正面的消息，它是一个综合体。

**问**：官方的消息你们是派谁去参加的？

**答**：我自己也会去啊。国务院新闻办办得很勤嘛，新闻发布会几乎一个礼拜有两三场，开始的时候我尽量做到每场都去，后来因为量太大了，我们就选择性地去。比如统计局长出来，要报告上个季度或上年度中国经济的各种数据，那是最权威的，我们必须去。如果是比较次要的，如林业问题，我们有时间就去，没有时间只能割舍。

**问**：我们访谈过的不少西方记者会认为，从官方的发布会很难得到真相。

**答**：这是从他们的新闻训练得出来的，你不能说他们这个观察是错的。确实，如果官员跟记者的互动是一种对话的话，这个对话本身就要把真相尽量全面地呈现出来，中国官员在这方面做得远远不够，按照西方的标准是不合格的。因为首先他发布，任何政府官员都希望发布正面的消息，但你不能掩盖或回避扭曲负面的信息。这个跟体制有关系，你如果要同情地去理解，那个发言人可能本身并没有得到授权去公布负面消息，你如果要按照主流的新闻标准来要求，那他确实是达不到这个标准的。

## 踩着学者的肩膀去看中国

**问**：我看到你有很多有意思的文章，大概都是给专栏写的评论，比如《自古皆有死》、《政令不出中南海》等，这些文章都是专栏文章吧？

**答**：对，专栏文章，我们有一个专栏叫做《中国早点》，你想评论就可以写够600字，放在那个栏目里面。如今扩充了一倍，就变成1200字比较正式的评论。同时，有一个排班制度，每天有一个固定人去写，我是排在礼拜一见报的，所以星期天就不能休息，每个礼拜都要写一篇，你的稿子一定要见报，不能开天窗。所以，这个压力会相对大一些。

**问**：看你的评论和报道，你对中国的情况非常了解。我想知道，你是通过什么方式来把握中国现实的？

**答**：有一个很主要的就是，踩在学者的肩膀去看中国吧。我们跟学者有很多打交道的机会。一般会去北大或人大这样的学府，找研究各方面的学者老师，如国际关系、中国政治等，通过跟他们的交谈，获取一些比较框架性的思想架构。另外，也会跟同行，尤其是北京的同行交流，中国记者中也有很多高手，对特定问题有自己的思考和看法。

然后，再通过自己的采访，平时的观察，网上也有很多资料和评论，可以帮我们搞清楚一些观念或概念上的问题。此外，就是看书，我喜欢看英美的著作，看他们怎么评论中国。

**问**：中国的记者中，谁是你经常会找的对象？

**答**：卢跃刚①。他对中国有非常独到的观点，做了很多一线的调研，而且又有很多的阅读、很多历史知识。他确实是属于出类拔萃的。有时候，我跟大陆记者交流，不一定观念上有什么新收获，而是他们的观察或者遇到的问题，给我们一些启发或者触动我们去关心那方面的问题。

比如两年前，我跟某家报纸的一位同行聊，他说抗战70周年他去卢沟桥抗日纪念馆采访的时候，本来都已经布置好了，临时有了改变，上面又指示启动一个展厅，放入大量国民党抗战的内容。这个现象就很有趣，然后我就上网去挖一些

① 卢跃刚，《中国青年报》记者、《冰点》原副主编，著名报告文学作家。

相关资料。当时，我在台北，就拿这个新闻来做两岸的文章。

**问**：你过去做过的报道中，比较有意思的或个人比较满意的是哪几篇？

**答**：有一篇比较好的反馈的，是写的北京的出租车司机，得到了北京市委宣传部颁的一个奖。

**问**：有些外国记者在报道中总试图把具体事件跟中国政治体制联系在一起，跟意识形态、共产主义等联系在一起。

**答**：这也是我希望做到的，但我觉得自己眼高手低，还没办法从一个具体的实证引向体制，这需要很高的功夫，取决于你对中国的观察和了解，而且这个肯定有误导性的：你凭什么从一个实证来说明这么大的现象，这个实证有代表性吗？

**问**：你觉得这是不是相当一部分西方媒体报道中国的典型逻辑，总是倾向于把很多问题最后归结于体制？

**答**：有的，很多的。我也觉得，确实有很多问题是老旧的全能体制的残余面，在市场经济的环境下运作的过程中，它会有荒谬性，会造成一些不可思议的事情。你如果能抓住一个很本质的案例，确实可以做这方面的文章，但如果你凡事都牵扯到体制，那出错的机会比较大。

**问**：去年国务院新颁布的奥运期间境外记者采访新规定，你怎么评价这项管理制度？

**答**：这也是我乐观的理由之一。官方也意识到，必须往开放的方向去前进。但中国真的很大，官方有这种主观意愿，但是不是又“政令不出中南海”？到下面具体的落实情况是怎么样的？我本身也是外国记者联谊会的会员，也能看到会员对这个规定的积极评价，尤其对那些跑得比较勤的西方记者来说。

## 我不觉得，解读事实是记者的责任

**问**：你怎样判断今后新闻的监管趋势呢？

**答**：我觉得，它所发出的信号是自相矛盾的，高层正面的论述是我们要往开放的路子走，可在具体的执行面，比如外国记者在地方遇到的问题，似乎跟官方说的“反其道而行之”。

这里面，你就可以有很多推测了，怎么去解释这个现象。最简单就是：他们在骗人，要准备混过奥运这个关然后恢复原状。你也可以说，这个体系多么庞大，虽然上面意识到要有变化，但要转变方向并不是那么容易，牵扯到很多复杂的因素。

具体是什么，就看你记者有没有本事去了解它背后各种复杂的因素。我宁愿去采取第二种论述，但我也能理解，为什么很多人会认同第一种解释，因为你在第一线碰到问题，就很容易得出结论：你是在骗我吗？

**问**：这方面，新加坡是什么情况？

**答**：新加坡的是一种高明的控制术，很复杂。政府不敢公然地说，媒体是政府的喉舌，是宣传工具，但试图使媒体成为政府的伙伴，协助政府向民众解释政策，媒体需要负责做这方面的事情，有这方面的社会意义，它试图把媒体塑造成这样的一种角色。

主要是通过市场的手段。它是通过市场的模式，把所有报纸都集中在一家控股公司之下，这是一家百分之百的上市公司，政府对它有市场因素的制约：你报纸是要挣钱的，给了你这个垄断地位，你也要有社会责任。

**问**：我觉得，在跨文化传播的过程中，意识形态、价值体系、多元文化之间的差异和冲突，很大程度上超越了新闻专业本应该遵循的客观、全面、公平等报道范式。

**答**：你去理解一个未知的东西，肯定要通过已有经验，慢慢去比较。这个了解不是一个空白的了解，必然是有切入点的，由你的教养、教育、成长经验等影响，这是很必然的。

**问**：所以，我们也很难苛求记者的报道能够考虑“宏观真实”的问题。他们说，我只在乎事实，至于你们看了报道之后是不是得到全面了解，那不关我的事，我也没有这种责任。

**答**：对呀，那就是你怎么看待专业本身。我觉得，他们说的也没错，记者不是一个社会评论家，或者一个导师，没有导引社会舆论或者是匡正错误观念的社会天职。我觉得，记者的天职、第一要义就是先把真相呈现出来——很多人甚至都达不到这个要求。你不能捕风捉影，你必须先把事实确定下来，至于怎么解读，我不觉得是记者的责任。

当然，记者在选择的时候，已经有一个价值判断在里面了。你从土里挖出一个器皿，这是喝汤用的还是尿壶，你怎么去解读它，这本身涉及太多因素。但至少你得把它从土里完好地挖出来，这是一步先要做到，不能把它打碎了，打碎之后就更难去解读它的意义了。

**问**：欧洲新闻业的做法跟美国人有点不同，他们更宽容记者在报道中进行解释。

**答**：欧洲的那种做法，是因为记者不把自己隐身起来，把“我”放到报道之中，能够让读者清楚地知道正在通过记者的眼睛看东西，而不是通过上帝的角色来看。所以，你不会把新闻当作完全的真实，而会把它看作是一个活生生的人在观察、报道一些活生生的事情。

# 站在劳动人民的立场上
## ——越南通讯社北京分社社长阮春正访谈

### 个人简介

阮春正，越南通讯社①北京分社社长。1949年9月13日出生于越南兴安省。学士文凭。1966～1971年，河内外语师范大学；1975～1979年，新闻大学；1971～1988年，越南通讯社世界新闻编辑部；1988～1993年，越南通讯社北京分社记者；1993～1996年，越南通讯社世界新闻编辑部，处长级，副局长级；1996～2005年，越南通讯社信息材料中心，正局长级；2005～2008年，越南通讯社北京分社记者、社长。

① 越南通讯社在中越两国建交时就开始在中国设立记者站，经历了四五代人，有50多年的历史。越南通讯社驻中国分社的记者主要负责把中国的政治、经济、社会各个领域的最新报道传回国内，供越南国内的电视台、广播电台和报社使用。

## 访谈实录

访谈时间：2008 年 2 月 1 日晚上

### 我们不关注负面消息

**问**：您是什么时候来中国的？能说说您对中国的印象么？

**答**：我在越南通讯社中国分社已经有两个任期。前一任是 1988 ～1993 年，那时候，我是一个记者。从 2005 年起，我在北京担任分社社长，到现在差不多快 3 年了。

我对中国的第一印象就是中国是一个伟大的国家，我对中国有着特殊的感情，可以说特别亲切，从小就特别喜欢中国的很多文学作品，尤其是《三国演义》，从小就仰慕中国人、中国的英雄。长大后，我的专业就是中文，在河内外语师范大学学习，1971 年毕业。我一生和中国、和汉语都有密切的关系，所以，我对中国很有好感。我看到中国人民觉得很亲切，他们都是辛勤劳动的人，是令人钦佩的民族。

我觉得，越南民族和中华民族是世界上最相似的民族，文化、传统甚至语言上都有不少的相似之处。举个很小的例子，我们都把“海鸥”叫做“海鸥”，“高”叫做“高”，都是同音的。还有很多文化和传统上的共同点。虽然中越之间存在不少问题和摩擦，但现在关系非常好，我憧憬两个邻国能并肩发展。

**问**：您在越南学习汉语，从小接触中国文化，毕业后来到中国，在这里生活、工作近十年。当初对中国的印象，和现在的印象有差别吗？

**答**：当然有差别。前一个任期，我比较年轻，对中国只是大体上了解。过了两三年后，对中国的了解更为深刻。可是中国太大了，又比较复杂，我不能冒昧地说了解中国。人长大了逐渐能体会到，每个国家都不是单纯的，都有它内在的矛盾和现实的复杂性。

现在，我对中国的最新了解就是：中国在强大。十几年以前，我看不出中国会这样强大，现在，我看到中国有可能会成为世界上数一数二的国家。我衷心地希望，在哪天中国能和其他国家，特别是弱小的邻国友好相处、互相帮助、共同发展。

**问**：很多中国媒体都对您做过访问，两会时期您也接受了中央电视台的访问，您似乎说过，自己从来不做中国的负面新闻。这种新闻观念是否受到您对中国感情的影响？

**答**：作为一个记者，报道应该有客观性。但客观性是个复杂的概念，西方国家记者也说他们的报道是客观的，但可以说，我们的客观性和他们的不同。

**问**：不同在哪里呢？

**答**：每个国家都有负面的消息，但我们不关注这些，也不报道。我们报道的都是中国的好处，特别是我们可以借鉴的东西，值得学习的东西。

**问**：好的东西可以借鉴，但中国人也说“吸取教训”，错的东西也可以学习啊。如果您做一些关于中国的负面报道，不是也能给越南政府和人民在发展道路上提供警示吗？

**答**：这有几个方面，比如社会方面，中国怎么样处理内部矛盾，我们也关注，特别是土地问题，但我们不做公开报道，刊登在参考消息上或内部刊物上。

**问**：在中国做报道，哪些领域是您特别感兴趣的？

**答**：这不是一个个人的问题，我们是为通讯社工作的。如果按我个人爱好做报道的话，我最喜欢体育方面。可是作为一个记者、一个负责人，我觉得，政治方面、路线方面的新闻最重要：中国怎么走社会主义市场经济，怎么发展各个领域，重点就是改革方面的东西。

**问**：日本共同社一位记者告诉我们，中日两国的关系状况也会影响他报道内容的选择。您觉得，中越两国的关系会影响您的报道吗？

**答**：我们国家与他们不同。现在有点问题，越南国内有示威游行，小范围的，是青年人盲目的、自发的游行，事情发生了，必然会影响两国关系。但是我们还是报道中国好的消息，当然，不可避免会受到一定影响，但影响不大。

**问**：如果有影响，主要在什么方面？主题或篇幅上？

**答**：不是，主题没有影响。比如刚才的情况，这时候，关于两国发生事情的报道会更加多。但可以说，基本没有影响。

**问**：越南通讯社在中国现在有多少工作人员？大致的发稿频度如何？

**答**：越南是一个比较贫穷的发展中国家，我们已经向国内领导人建议增加人手，但现在只有三位，我觉得不够，至少应该再增加一位。我们现在是什么事都做，除了写文章其他事情都有，包括行政、后勤方面的事。还有很多活动要参加，比如大使馆的一些活动，这样非常影响我们的工作时间，压力非常大。发稿方面要看不同的情况，有时候一天要发七八篇稿子，每逢两会、党代会，甚至每天要发20篇稿子。

**问**：您觉得，在中国做报道最大的困难是什么呢？

**答**：最大的困难还是时间太少，如果有更多人手，我们的报道会更好，因为中国值得关注的东西实在太多了。

**问**：做采访的时候，跟中国人打交道，语言也是困难么？

**答**：语言上也有困难，但大体上我们都能听懂，文化上也不成问题，因为我在中国生活了很久。我现在年纪大了，如果年纪小一点，有机会的话，希望能在中国有机会再学习语言。有时候，表达有一定困难，离我的要求还差一点。

**问**：有外国记者说，在中国做采访，最大困难是外交部门、新闻管理部门的限制，您怎么看？

**答**：可能对越南通讯社要好点。外交部、记协以及很多机构经常给我们安排采访邀请，我们走都走不完，也就没什么限制。他们说的是敏感性问题，我们不关心那些敏感性的问题，所以，就不感到受限制。

## 什么问题对人民有益，我们就关注

**问**：如果一个外国记者刚来中国，有什么方式快速了解这个国家？

**答**：我很看重中国的报纸，中国报纸和以前有个比较大的变化就是，它们比以前更开放了，我们可以从中国报纸、电视台、网络等各方面了解中国的情况，应该尽量地看中国报纸。

另外，通过电视、网站，可以看出中国的很多真实情况。比如教育问题，看很多文件也许看不出，比如教员尤其是小学老师太少，发现这个问题我很吃惊，虽然看似比较容易解决，但实际上还是缺少小学教员，特别是在某些偏僻的农村。我想，每个少年儿童都应该有学习的机会，前提就应该有足够的教师，所以，我看到这个情况非常吃惊。

**问**：您会认为这是个有意思的线索吗？会想要再深入挖掘下做个报道吗？

**答**：那方面，我还没有想到，这只是帮助我体会到中国的很多东西。

**问**：能介绍一下你们在中国做的报道中比较满意的作品吗？

**答**：我们的报道太多了，都是比较短小的，主要都是些新闻。专题报道很有限，因为发稿量太大。我们把自己看作一个“新闻的银行”，其他报纸都选用我们的稿子来刊登，所以，做报道使用的比例很高。

**问**：你们做报道的新闻来源主要是哪里？刚刚您已经提到对两会这样的政治

事件会给予重点关注。

**答**：来源有报纸，特别是新华社和我们有密切关系，还有各类新闻发布会，可以直接地接触和观察；此外，还有实地观察，外交部、记协会安排我们去很多地方，实地去看，去各个单位。

**问**：除外交部安排的实地考察，你们还会自己跑出去找地方采访吗？

**答**：刚才我已经说了，他们安排的都已经走不完了，所以，我们一般不自己走。自己走的话，一般也在北京附近，地方不多。

**问**：您对“深度报道”有什么看法？

**答**：如果以后我有足够时间，我很想做一些深度报道，我很喜欢深入报道中国经济方面的一些问题，比如三农问题，还有社会问题我也特别关注，比如怎么解决看病难、上学难等。还有反面的问题，比如你们搞的艾滋病和吸毒预防，比我们国家搞得好，越南吸毒比例很高，你们做得很好，应该向你们学习。

**问**：如果您要做一个关于中国人群吸毒现状的报道，会侧重从什么角度去做呢？

**答**：不瞒你说，我是共产党人、共产党的记者，所以，我们是站在人民的利益、人民的立场上的，什么问题对人民有益，我们就关注。

**问**：在报道中如何体现这种“人民的立场”？

**答**：我看真正的民主是最大的民主，最好的民主就是对人民最有利的民主。可以说，我们和那些西方的记者最大的区别就是这点。

**问**：西方媒体尤其是欧美国家的新闻界，强调记者应该扮演“看门狗”的角色，要对政府保持质疑和批判的立场。您怎么看他们的新闻价值观？

**答**：这就是社会主义国家的记者和他们最根本的区别。他们的报社和政府对立起来，我们和政府站在一起，因为中国和越南两国的政府都是站在人民的立场上，所以，那就是我们和他们最大的不同之处。

**问**：那您判断一个新闻可做与不可做的标准是什么？

**答**：中国太大了，情况太复杂了，很多东西值得报道，我们需要选择，我们选择最有时事性的、最突出的问题。我们的报道是向国内通报的，国内最关注的问题，我们就优先报道。比如现在中国经历很严重的水灾，这是一个季节性问题，但我看很重要，因为这是50年难得一见的大水灾，它考验的是中国抵抗灾难的能力，这也是国内所关心的。虽然同一时间有许多报道，但我们优先选择这些主题。

**问**：每天这么高的发稿密度，如何保证新闻的客观？

**答**：可以说这个是有当记者的本事吧。我除了看中文，还学了新闻，学习过程中，还学习中国政治方面的知识，包括中国的历史、中国的党史、社会主义等，这些都很重要。

**问**：能不能再具体谈谈，关于报道的平衡、准确等规范，如何遵循？

**答**：可以说，立场、观点方面，我们的报道都是比较粗线的。为了最大限度上保证我们新闻的准确性、正确性，需要记者、作者的政治立场，除了政治立场外还有专业知识，比如体育、经济方面的报道就需要有相关知识。众所周知，作为记者，应该什么都了解一点，这样写稿子更好。

## 人民最高的代表就是劳动人民的利益

**问**：有很多中国人看西方媒体的报道，会认为西方媒体总在关注负面的东西，有一种“妖魔化”中国的倾向。您觉得，他们是在刻意“妖魔化”中国吗？

**答**：西方国家的记者，当然都是为他们的报社服务，他们的报社就为他们政府服务。他们理论上和政府是对立的，但实际上是一伙的，一个西方国家的记者当然为他们的政府服务。我看，最近西方国家和中国的关系比较好，可是他们还有对立的立场，那就是使西方记者喜欢中国负面问题的主要理由。有时候，这也帮助中国看到自己的缺陷，自己没有看出的问题，也有一定的好处。但基本上是不好的，因为他们不客观地报道中国的情况。我们的做法和他们截然不同，我们看待事物有本质性的区别，同样一个现象，我们可以看出哪个是最接近事实的。

**问**：有观点认为，外国媒体本来就不承担呈现中国完整形象的责任。您觉得，作为一个外国媒体，最大的责任是什么？

**答**：我觉得，这个还是立场的问题。

**问**：你的立场是指意识形态吗？

**答**：就是意识形态所决定的。当然，每个事物都有矛盾，每个国家、每个人都有两面啊，但是做一个最客观的人，报道问题时能够从具体事件中看出哪个是最本质的东西。比如，中国政府和非洲国家的合作当然有互利的关系，可是，他们西方媒体的报道总是把不是实际意义的东西挑出来，如中国对非洲国家的环境不好的东西，当然都是不真实的、不客观的。

**问**：作为一个记者，基本职责是什么呢？

**答**：当然是为人民服务，为社会服务，也要为自己国家服务。可是，从人类的角度看，记者也是为“人”的利益服务，所以，记者应该提供最真实、最客观的东西，让更广大的人可以了解到一个国家、一个事物的实质。

**问：**我同意您说的，记者应该为人民服务，但是如何界定“人民”有很多，或者说，如果人民内部有矛盾，记者应该怎么做？

**答：**人民是一个很大、很复杂的整体，有各方面的利益，可是，作为人民最高代表性的就是劳动人民的利益。劳动人民不是抽象的概念，而是很具体的，每个国家最普通的人就是最有代表性的人民。比如在中国，农民和工人就是最有代表性的人民，越南也一样，其他国家也一样。但是，西方国家的记者不是为普通人民服务的，他们归根结底就是为比较高的层次服务。

**问：**但是，反观我们中国媒体的报道，其实现在对农民、普通工人的关注和报道特别少。您觉得呢？

**答：**是，我同意您这样的意见。农民应该得到更多的关注，他们的生活应该得到更大的改善。我看你们中央今天刚发表的一号文件，就是关于三农问题的，这样的文件每年都有，今年的主题是加强农村的基础建设。这是很有意义的，而且总的来说更关心农业、更关心农民、更关心农村。

**问：**你们会根据这样的文件写通讯稿吗？

**答：**对，中国的做法对我们有很大的借鉴意义。我有不少中国的记者朋友，他们的专业性很强，可以说比我们更好，责任感也很强，有时候，我们有些不太大胆的提问，他们比我们更大胆、敢提问。可是有些方面，他们的专业能力应该再提高。

**问：**具体指哪些方面呢？

**答：**我看中国媒体中有一些稿子写得主题不太突出。有些文章，看了很多段都看不出他们说的是什么，应该写得更加简练、简短。信息时代了，人没有太多的时间看报纸，应该写得更短，更确切。

我觉得，要把记者的培训做好，应该有过硬的政治本领，把握好专业性的问题，还要给他们武装各方面的知识，比如外语，最好把他们派到所学语言的国家去学习。

**问：**您如何看待中国现在的新闻环境？

**答：**更好了，放宽了。在中国的报纸上可以看到更多的东西了，不像以前。

**问：**您说的“以前”是什么时候，那时候的情况怎么样？

**答：**（20 世纪）80 年代啊。那时候，我刚到中国，要搞改革，也开始呼吁新闻改革，但还没有开始落实。现在，我看好得多，比如反面问题的报道，开始在报纸上出现，那就挺好。反面问题对人民群众影响不好，可能会引起不好的反应，如果把反面问题过多地报出来，可能人们会误会真实的情况。

**问**：可是，很多中国人尤其是媒体人对新闻环境还有更高期待，甚至有些人抱怨新闻报道千篇一律、事实真相很难传播。您觉得呢？

**答**：有一定的道理和真实性，但这个还是立场问题，是站不站在人民的立场上的问题。那些人大代表也是人民代表，应该站在这边。

**问**：如何预测今后中国的媒体环境？

**答**：我看改革也是一个不可更改的方案，近几年最为关键的是方向，只要方向是正确的，沿着路线走就可以了，以后会更宽松。应该给记者更宽松的环境，给他们空间报道，这样对领导层更有益，能让领导层更好地了解基层情况。

**问**：您知道我们新出台的关于奥运期间外国记者报道的新规定吗？

**答**：知道，这确实让我们的工作更加方便，我们就不需要采访时所需要的推荐，特别是可以优先采访我们国家的体育代表团。如果总社可以为我们创造更好的条件，我们就可以更直接地采访，但是现在的工作量很大、人太少，很忙，每天大概都工作到凌晨一两点。

**问**：北京奥运会期间，你们社会派更多越南记者来中国吗？

**答**：当然，有些是自费来的，有些是官方记者。我想，到那时，大概有几十位记者吧。

**问**：能跟我们谈谈越南媒体的现状吗？

**答**：越南的媒体环境和中国很像，也都是官方媒体，媒体发展也很活跃，现在有600个报社。这样也有一定的弊端，就是媒体太多了，其实不需要那么多报纸，有时候管理起来非常不容易。有时候，他们报道负面的问题，可是也会有及时的调整，网络媒体的新闻自由更强了。越南也有商业媒体，这还是一个立场问题，如果一个媒体商业化太厉害，就必定走向失败的火坑。

**问**：为什么？

**答**：因为媒体商业化就必然会为少数片面的人群服务，人民性就太弱了，我觉得注定会失败。所以，为最多的人服务，就有最强的民主性。媒体作为一个事业单位，难免需要盈利，但盈利和商业化是两个概念：商业化就是你专注于你的利益，不管报道的立场和内容，赚更多钱就行了。可是如果一个报社关注自己的盈利，就会尽量把你的报道内容质量提高，人家会认同你们的工作。这也是个很复杂的问题，经济效益和商业化是不同的概念。

现在，越南媒体也是事业编制、企业管理，这本身就体现了媒体自我的矛盾，他们的事业编制不是地地道道的国家机构，但也是属于国家的。西方记者不可能了解我们的媒体，媒体是国家喉舌，它们有它们的立场。

问：比较理想的媒体环境是什么样呢？

答：最理想的就是，让一个记者有正确的意识和立场，想报道的都有机会采访，比如那些很高级的领导人。现在还没有做到，有很多隔阂，有时候会有堵塞记者和采访对象的那堵墙，很难和需要的人去交谈。我看越南的情况也差不多，信访方面我们做得不比中国好，越南也有一周确定一个日子来接待群众的，但到时候就走了，不能和群众有很好的交流。

问：您对职业记者的理解是什么？

答：我看除了上面提到的几条外，风格也很重要，应该更活跃。一个记者不应该太沉闷，太保守，应该更活跃、更积极，因为记者应该接触更新的东西。

# 好记者应该尽量地接近公正

## ——《纽约日报》亚洲部负责人葛根（Edward A. Gargan）访谈

### 个人简介

葛根（Edward A. Gargan），《纽约日报》[1] 亚洲部负责人。2000年3月加入这家报纸，曾报道过中国大陆、蒙古、印度尼西亚、中国台湾和亚洲其他地区。此前，他长期担任《纽约时报》记者，最初主要撰写都市题材的报道，后担任西亚、中国大陆、印度和中国香港的部门负责人。1989～1990年，葛根曾用名Edward R. Murrow，他写过《中国命运——人们于改革和镇压的激烈斗争》一文，并于1991年由双日出版社出版。此外，还曾担任《洛杉矶时报》杂志和《意见》的编辑，于1991年回到《纽约时报》，报道海湾战争的余波。葛根能熟练运用中文、法语和意大利语，掌握一定的俄语和日语。他在美国威斯康星大学获得中国历史学的学士和硕士学位，并在加州大学伯克莱校区开始攻读中国古代历史的博士学位。现在主要居住在北京。

① *Newsday*（《纽约日报》）是长岛出版的供纽约市东部郊区拿骚和沙福克两县居民阅读的小型晚报，创刊于1940年。这是一份严肃的小报，《纽约日报》每天出版30至50版，周日多达二三百版。目前拥有70万的发行量，在美国居第六位。

## 访谈实录

访谈时间：2008 年 1 月 27 日下午

### 知道过去才能更好地去写现在

**问**：您在很多国家和地区做过记者，蒙古、印度、中国台湾、中国香港，甚至非洲。

**答**：是的，蒙古、印度、中国的台湾和香港，以及非洲。不过，我只是去蒙古做新闻报道，并没有在蒙古生活过。事实上，不同采访任务意味着你要去更多的国家，而不仅仅是在你生活的地方。我住在意大利，但我报道过巴基斯坦、老挝、斯里兰卡、孟加拉国等，从来没有在巴基斯坦住过，但报道过那里几十次。

**问**：在不同国家和地区工作，感受上最大的不同是什么？

**答**：其实都差不多。因为不管在哪儿，我都要报道同一个区域。泰国、柬埔寨、菲律宾、蒙古、中国台湾等这些地方，同样要报道。

当然，媒体环境是很不一样的。比如，当我在印度每天早晨起来后，桌上会有 15 种报纸，报道了全国各地许许多多不一样的事，这就不同于中国，没有印刷管制。而且，在印度，主导舆论方向的是英语新闻，其他的印度语报纸，如印地语、乌尔都语、泰米尔语、马拉丁语等，也能够相对自由地报道全国各地有趣的事情。当然，印度最重要的是英语报纸，它针对的是占印度 5% 人口的少数人，如经济、政治、商务界的领导人。

在中国，问题不是没有事情可以报道，而是如何让人们主动说出来。在印度，则是要想办法让人们闭嘴，他们总是说太多了甚至不会停下。在中国，你不可能采访到高层领导。比如，你想采访江苏、湖北或其他省的省长，你一次一次跑过去，就是无法拜访到他们。

**问**：可能您需要先跟他们的秘书或者负责外宣的政府机构联系。

**答**：即便那样，也很难约见得到。而且，即使约见到了，他们也会顾左右而言他，不会主动提供有用的信息。在印度，每个人都想主动说话，发表评论，不管是总理，还是平民。我住在印度时，离总理的房子大概不到一公里远。他带领印度进行经济改革，改革前处于僵硬的社会主义制度下，印度经济非常落后，他承受着巨大的压力。这种情况下，他竟然还主动与我谈改革。

不过，中国已经不同于 20 年前。（20 世纪）80 年代，中国很多地方是被禁止去采访的，比如新疆、湖南等。如今，你几乎可以到除军事重地之外的任何地方采访，而且不再需要向外交部申明。以前言辞不当甚至会被拘留，而现在，只是叫你离开。所以，中国的新闻自由已经有不少进步。

**问**：*您怎么看2007年底发布的《北京奥运会及其筹备期间外国记者在华采访规定》？*

**答**：外国记者在中国的工作一年比一年方便，我想其他人也肯定向你提到过这一点。对西方记者而言，中国如今的发展最值得世界瞩目，这个国家在这20年里获得极为迅速的发展，增强了经济实力、政治实力。历史上没有国家能像中国这样迅速崛起，毫无疑问，这是世界上最值得报道的事件。

而印度现在仍只是慢慢地发展。举个例子，印度人时常谈论中国这里做得好，那里做得好，却从来没有听见他们的中国朋友说，哇，印度现在做得真的很好，中国人并不在乎印度人怎么样了。同样是两个世界大国，但情况却很不一样。在印度做生意很难，但做记者却容易得多。

**问**：*很多西方记者是因为中国现实的发展速度尤其是经济增长而关注中国，除此之外，是否会对中国源远流长的传统文化感兴趣呢？*

**答**：我对中国文化非常感兴趣，学习中国历史也使我对中国的报道更加深入。不同于美国或欧洲，中国各地有很大的差异，如云南、四川、新疆、上海等地是非常不同的。是的，这里有伟大的古典音乐，但我们来到中国最主要的原因是，这里在非常迅速地发展，充满着激动人心的变化。我在（20世纪）80年代也去过纽约，如今去那里的变化仍然不大；巴黎几乎没有变，跟我小时候去的时候差不多，只是打车费贵了，吃饭贵了；我的家乡爱尔兰变化很大，但也远不及中国。中国一直在迅速变化，比起（20世纪）90年代、80年代，尤其是70年代，变化非常大。要知道，中国从50年代开始，经历了饥荒、大跃进、“文化大革命”带来的动荡，那时候是很贫穷落后的。

**问**：*您认为记者的主要任务是什么？*

**答**：对这个问题，不同的记者会有不同的回答。对我而言，现在主要的并不是做记者，我在写一本书。在中国工作的五年里，采访了许多不一样的人，写了很多故事。单独来看，它们是一个一个的故事，但整体上又反映了中国在那五年里的真实状况。我在书中写到了中国妇女的状况，在很多地方，妇女都是在家务农，很少接触社会，以前尤其如此。我也写了很多社会中间阶层的人士，从他们的变化中，我们能看到中国社会变革的状况。

我就是想通过记录社会来揭示这个社会所信奉和恪守的东西，比如宗教。在文化上，中国和印度也很不相同。中国的“文化大革命”对传统文化的破坏非常大，北京曾是世界上非常漂亮的城市，拥有许多伟大的建筑，但它们现在所剩无几，鼓楼、钟楼、故宫、天坛、雍和宫等都不同程度地经受过损坏。而北京著名的胡同，也在（20世纪）80年代中期被拆掉。我想说的是，中国在用很多种方式破坏自己的文化，而印度始终生活在文化中，并且文化深刻影响着印度人的宗教、社会、文化生活。在中国，甚至出现毁坏著名文学家曹雪芹的房子的事情，这样的事情在印度从来没有发生过。

**问：**您对中国的历史文化非常了解，这些是否也在帮助您的新闻写作？比如为您的报道提供更多背景知识，也帮助您更深刻地把握中国。

**答：**知道得多一些总是有用的。当我找寻资料，或者新闻写作时，相比那些对中国文化毫无概念的记者，我能够深刻地理解资料和事情，就能读懂一些现象，能够方便地读明白中国的报纸。了解中国历史文化，就能获得更多翔实的信息。

**问：**很多西方记者不懂中国文化，他们做新闻就是不停地报道关于中国的动态，而无法在理解事实的基础上辨析真相。做坏新闻、不做好新闻，似乎是多数西方记者的新闻价值观，您怎么看这个问题？

答：不管是坏新闻还是好新闻，它们都是新闻报道。有的新闻，记者认为是不好的消息，而读者会认为是好消息。我认为，作为记者，你要能够比你的读者更好地理解事实，这才是有意义的。

**问：**您的新闻价值观是什么样的呢？

**答：**在我看来，任何事情都有可能值得报道，关键是你如何选择。我的选题范围很广泛，比如最近在写妇女的状况，有许许多多关于妇女的故事，她们反映出妇女地位的改变：她们在政府部门表现如何？玻璃天花板存在于什么地方？有的妇女在事业上取得成就，她们是如何做到的？

我曾经在宁夏采访一个四世同堂的妇女家庭，有曾祖母、祖母、母亲以及女儿。曾祖母裹了小脚，和祖母一起住在贫穷的山村，母亲住在城镇里，而女儿则在清华大学念书。这样的变化是如何实现的？她是如何从一个无法想象的贫穷村落走出来，去中国最高学府清华大学念书的？研究和报道这样的变化是非常有意义的事情。

这几年我也在做中产阶级的报道，问题不在于研究他们赚了多少钱，而在于研究这个新兴阶层是很有意思的。他们可以学钢琴，可以请家庭老师教小孩从小说英语，可以去泰国旅行，这个群体正在不断扩大。我去欧洲，那里80%的商务人士是中国人，20%是欧洲人；如果你去泰国旅游，会发现那里90%的游客都是中国人。

我不会去报道纯粹个人的观点，而会跟大学教授、学者、中国记者们讨论自己的观点。我的一个朋友是清华大学的人类学教授，他告诉我，在西安的一些小城镇里还有土地庙，这些城镇非常贫穷，政府没钱建学校或者农田水利设施，而这些庙会出钱来建学校、修路、建水利工程。当地人都愿意捐钱给土地庙，这些有钱的土地庙就履行了本该由政府承担的部分责任。这是一个很有趣的现象。

我只是想揭示这些变化的本质。而且，要报道这些变化不能仅仅是在北京，要去各地跑，去发现这些变化。一个人如果没有去过华盛顿，就不可能知道华盛顿的真实状况。所以，我经常去中国各地跑，比如新疆、湖南等地。

问：可不可以这样说，您更告诉读者百年以来中国的变化，而不只是中国的现状？

答：其实，在报道变化的同时，也就是在揭露现状啊。比如，我写妇女的故事，许许多多的故事合起来，反映出的就是整个现状。有的女孩从村庄走出来，去东莞，最后成了流行歌手。这在以前都是不可能的事情。所以，知道过去才能更好地去写现在。

需要说明的是，我并非是在写历史。事实上，只有了解历史，你才能更好地发现现实中的巨大变化。比如上海，以前只是个小渔村，从黄浦江看过去，浦东只是一片田野，现在所见到的漂亮的现代建筑群，以前都是不存在的。

问：您做新闻有主见，强调自主性，有些外国记者抱怨总部的编辑比较强势，不了解中国却总试图下结论。如果跟编辑发生看法的冲突，您如何去解决？

答：相对而言，我比较幸运，很少碰见这样的问题。我认为，编辑相信自己的记者所报道的内容是最基本的从业原则。远在纽约或者华盛顿的编辑，怎么能比派驻在中国的记者更清楚事情的状况呢？记者们不远千里来到中国采编新闻，编辑们就更应该需要相信他们的记者。

## 我感兴趣的是处于某个文化系统中的人

问：相对于政治 ，您是不是对文化题材更感兴趣？

答：事实上的确如此。政治家们在书写政治，作为记者，我们很难清楚知道他们做出一些决定的真正原因。那么，我们干吗要把时间浪费在寻找没有答案的问题上呢？关于政府腐败，我们在写，中国记者也在写，不管是北京还是山西煤矿事件，腐败官员拿走了老百姓的钱，陈良宇违纪被查处等，这些事情，老百姓都很关心，我们也写。但是，这些决定怎样做出的，却无法知道。

问：您会不会接到政府组织的新闻发布会的邀请函？

答：会收到啊，但我从来都没有去过。参加会议是没有用的，因为他们从来都不回答问题。一般来说，很难有机会向他们提问，他们一般不会选中我的问题。

问：那您是如何寻找新闻选题的？

答：我觉得任何事情都很有意思。我的观点是，不在乎读者喜欢什么，只知道他们应该会喜欢。可能这种方式不妥，但这就是我的态度。我走到中国的任何地方，发现每件事情都很有意思。有时候，我会漫无目的地行走，跟当地的人聊天，思考问题。

你刚才问我，如何决定读者喜欢的重要的新闻，我的观点是我并不在乎他们如何选择自己喜好。我认为我选择的，他们一定会喜欢。我不会写经济新闻，也几乎不会涉及商务，不会去在意哪家公司倒闭了，哪家公司上市了，也不会在乎哪家公司超过了另一家公司，我不关心 GDP，也不去分析经济增长率。这也是我选择做记者的原因——我可以选择自己感兴趣的东西。我感兴趣的是写处于某个文化系统中的人。

**问**：在您写过的东西中，对哪本书或者哪篇报道最满意？

**答**：在2005年，我签约开始写书，不过那本书与中国并无关系。我的第一本关于中国的书是《中国命运》，1991年出版。第二本是《河流的传奇》，部分写到了中国。当时，我在写研究报告，拿到了加州大学和伯克莱大学的奖学金来中国学习，就是在那个时候写的《中国命运》，然后2000年，我又回到了中国。

**问**：刚才讲的是您的书。报道方面呢，哪篇文章比较满意？

**答**：这要取决于你们对于“好报道”的定义，取决于你们认为什么是优秀报道的条件。你们能够比我更好地评判什么是好的报道，但我没法评判自己的文章。

## 不管简单或复杂，都需要分辨不同的信息

**问**：您的新闻有没有被“毙”掉过？

**答**：没有。因为我从来不用那些让人难以接受的言语，也不会说用讲故事的方式来做新闻。

**问**：那么，您会写关于中国的任何事情？

**答**：是的，任何事情我都会去写。如果要被“毙”掉，那就让它被“毙”掉好了，那是你无法控制的事情。尽管如此，你还是要做好自己的报道工作。这是我的个人观点。如果你因为文章可能会被“毙”掉，就不去做这方面的报道，在我看来就是失职。

**问**：您读过清华大学李希光教授写的《妖魔化中国的背后》[1] 吗？

---

① 中国学者关于美国媒体妖魔化中国的理论，请见李希光、刘康等著：《妖魔化中国的背后》，北京：中国社会科学出版社，1996年12月第1版；李希光、刘康等著：《妖魔化中国》，香港：大公报出版有限公司，1997年5月；李希光、刘康等著：《妖魔化与媒体轰炸》，南京：江苏人民出版社，1999年12月第1版。

**答**：没有，这本书是写什么的？我没有听说过这本书。

**问**：关于西方媒体对中国的“妖魔化”报道。

**答**：不，我从来不这样认为。我倒是很好奇，你说的到底是什么，可以给我举个例子么？

**问**：有批评说，西方媒体的消息源太多侧重负面，有这么个说法，你们“用7分钟时间播出中国街道的垃圾，而只用3分钟时间播出街边所种的花”。比如，媒体都很关注北京的环境问题，北京在努力改善，也取得了不少效果，但西方媒体总是强调它的问题所在，却忽略它的改善趋势，总是批评政府的不作为，而忽视政府采取的有效措施。

**答**：我还是不明白你所说的“妖魔化中国”是什么意思。关于环境问题，中国媒体也在报道，我不能肯定情况是否如你所说。最近，西方媒体很关注中国的环境问题，尤其奥运会主办城市北京。我们关注北京的环境问题，比如空气质量，可能这些问题有指向政府的，但在对待这些问题的态度上，西方记者并无区别——美国记者同样指向美国联邦政府，欧洲记者同样也会指向欧洲。没有区别对待，都是新闻记者的新闻报道。

**问**：您怎么看新闻的客观问题？您认为存在新闻偏向么？

**答**：我认为，好的记者应该尽量公正，无限地接近公正。我不太用“客观性”这个词，不如“公正性”意思明确。我们都知道，同一件事情会有很多个角度，不同的记者会从不同的角度写，内容也会有所不同。北京环境问题就是一个很好的例子。记者需要查找资料，看很多数据，了解方方面面的信息。不然，如果单从政府的年度报道来看，永远都是空气质量低于某个量。换而言之，政府的信息总是不明晰。西方记者意识到了这一点，政府说把污染的厂房搬走了，其实可能只是搬到临街去了。所以，任何新闻，不管简单还是复杂，你都需要能够很好地分辨各种不同的信息。我认为，大部分在中国的西方记者都是很优秀的，要知道西方记者都是因为喜欢中国才来到了中国。

**问**：可否举个报道作例子，说明一下您是如何做到保持冷静态度、客观立场，或者公正的？

**答**：还是拿我写的关于中国妇女的故事做例子吧。我用了很长时间来准备这个题目，当我不知道该写什么的时候，我就和人们去交谈。这期间，我用了三到四个星期的时间，与文中涉及的妇女交谈，还去北京大学妇女法研究中心采访，跟那里的法学教授交谈，了解相关法律的情况。也就是说，如果要写关于妇女的长篇、公正的文章，必须向许多人了解情况。

通常，如果开始写一篇比较长的报道，我会先确认好时间，然后找相关的人了解情况。一般开始时，脑袋里没有什么具体的想法，只有一个大概的念头，具体写什么、怎么写，还得通过和人们交流一两个月或者更长的时间后，才能形成比较具体的观点，甚至找到更好的思路。这是我做长篇报道的方法，而这些也是我喜欢做的事情，不管是在中国、印度、非洲还是伊拉克等，我都是这样来做报道的。

可能有些偏离你的问题，但也多少回答了你的问题——“什么是客观性”？在我看来，“客观性”意味着公正，尤其是做政府新闻。我相信这样一个准则，“政府是撒谎者”，不管是中国政府、美国政府、英国政府还是法国政府，政府都在撒谎。所以，你只好先记下政府所说的，然后咨询很多人，去了解政府关于空气污染、三峡大坝、航空行业、基础建设或腐败现象等的说法到底是什么意思，他们如何看待这样的说法。我通常会就一个事情咨询五六个人，如北京大学、复旦大学的教授。在我看来，“客观性”就是，如果你在做政府新闻，就要去听取批评政府的意见。

**问**：具体来说，您的新闻来源都有哪些呢？看中国媒体的报道多不多？

**答**：都有。我觉得，看中国的报纸也很重要，任何报纸都要看，我每天都会浏览很多种报纸，比如《南方周末》，上面有很多民生故事。同时，我也会跟很多人聊天，通过聊天能学到很多。比如，在报道六方会谈时，我跟北大、复旦的很多教授讨论，还会跟日本人、美国人、韩国人讨论，听听他们的意见。又比如去乡村做采访，我就会听听人类学家、社会学家的意见。

## 记者更是一种生活方式

**问**：您喜欢现在这样的生活方式么？

**答**：在我看来，新闻记者不只是一份工作，更是一种生活方式。我很喜欢这样的生活方式，我喜欢做那些自己感兴趣的事情。

**问**：您如何理解“专业”这个词？按照业务水平，记者可以分成三类：低水平记者掌握的是新闻写作技巧；中等水平的记者能够独立于政治和经济束缚进行新闻报道；高水平记者则具备共同的范式和精神信仰，能够为公众的利益而挺身出来大声呼吁。专业主义要求记者既有技巧和规范，也有信仰、伦理。

**答**：在我的从业经验里，我从来没有这样想过。我所想的就是，如何做好我自己的新闻报道工作，我总是希望能尽最大的可能做好它。现实中，可能会因为时间仓促而导致报道不是很好，只要给足够的时间总能做好，而且会一次比一次做得好。不管是给杂志还是报纸写稿，包括写书，最重要的是要认真投入地去写。我很少会在这么宏观的背景下去思考新闻记者该怎么做，只是觉得个人努力认真地去写，而且一次比一次写得好才最重要，所以，我不太认可用“专业”这样的说法去衡量新闻记者。

**问**：接下来这几年，您有什么计划呢？

**答**：我的计划就是尽快把书稿赶出来。这是我近期最重要的事情。这本书要写将近一年，是一个很长期的项目。你可以看看我的第二本书《河流的传奇》，2002 年出版的，出版商是 KNOPF。在这本书里，你可以找到不少例子。

# 给所有当事人说话的机会

## ——路透社北京分社高级记者储百亮（Chris Buckley）访谈

### 个人简介

储百亮（Chris Buckley），路透社北京分社资深记者。2000～2005年，任《纽约时报》北京分社记者。2003～2005年，任《国际先驱论坛报》记者。2005年加入路透社北京分社至今。

## 访谈实录

2008 年 1 月 30 日下午

### 如果故事讲不好，谁听谁看呢

**问**：我们直接从您做报道的经验谈起吧。您 1990 年就到中国来留学，在这里生活了很长时间，对这个国家比较了解。如果是初来乍到的外国记者，应该通过何种方式对中国形成比较准确的判断和理解？

**答**：第一，就是多跟人说话，跟各界的人说话。你想了解很多问题，恐怕只有中国人才有资格回答，多和中国人探讨这些问题。第二，看书，看中国媒体，都应该有帮助。

**问**：中国媒体比较多元化，应该如何选择和搭配？有些外国记者告诉我们，他们引《人民日报》和新华社的消息时，是带着质疑心态的，只是因为采访不到官员时把它作为一种官方态度而已。如果您要在报道中援引这些媒体的消息，会如何处理和把握？

**答**：大体来讲应该如此，新华社、《人民日报》当然是官方认可的，是最信任的媒体。在一些重大的、政策上的问题，他们怎么表达或解释的，应该是比较贴近政府立场的。当然，也有其他媒体，可能会做一些深入的报道，比如社会、经济发展中出现的新问题、新挑战，或者环保、法制建设、农村发展等方方面面。除了《人民日报》、新华社之外，《南方周末》、《财经》、《南风窗》、《南方都市报》，还有《中国新闻周刊》等，我们也会经常翻看，找找有什么新东西、新问题。

**问**：在您现在做的报道中，大概多少比例的消息源是通过中国媒体获得的？

**答**：很难判断，如果算国内新闻的话，应该有一半是从中国媒体上得到的，另外是通过朋友、接待员、采访中得到，也有学者或者 NGO 组织。

**问**：有些外国记者会抱怨，在中国采访时要找到学者发表意见总是有点困难，学者们往往跟官方保持一致或不太愿意发表真实的想法，于是只好去找研究中国问题的海外学者。您会不会有这方面的困惑？

**答**：说实在的，持这样观点的外国记者应该是少部分吧。因为现在很多问题，中国学者、专家、公民都挺愿意说的，包括一些敏感问题。所以，我大部分的报道，都会找一些中国学者、专家、公民，来表达他们的认识，包括环保问题、人权问题、法律问题等。没有必要找外国专家，中国人对这些问题最熟悉。

**问**：有些中国记者，在援引专家观点时还会考虑到他们的价值取向，比如简单二元区分的话，可能会有新左派或自由主义学者，他们对同一个问题的看法和关注点会有所不同。您在选择学者发言时会考虑他们的价值取向吗？

**答**：很多问题，争论本身就是新闻，你当然要多了解各派观点，为什么这么看，为什么选择这种立场，有什么判断，等等。如果我选择这个派而不选择那个派，那不是很幼稚吗？何况，新左派和自由派的争论不是已经过去了吗？现在中国学界和前几年相比，没有那么多轰轰烈烈的争论，左派的人也有，右派的人也有。

**问**：许多西方媒体关于中国的报道，习惯于不断指向中国的意识形态和政治体制，比如经常提到“毛时代”、“邓时代”等。不知道您有这种印象吗？

**答**：可能有一些报道是过于简单的。你要向国外读者介绍中国，要他们多了解中国。有些报道是过于意识形态化的，当然，很多问题跟政治制度有直接关系。

**问**：在您的报道领域中，判断一个事情做或不做的标准是什么？

**答**：最具体的标准，就是有没有时间。中国新闻这么多，你当然要选择。有时候是想做也没有时间。其实，并没有很科学、很重要的标准，看自己对什么感兴趣了，重要性、新鲜性等都要考虑。很多时候，主要是根据个人的判断，当然也要跟路透社编辑商议了。但是，很多问题，你选择做、具体怎么做，都是要自己做主的。

**问**：会不会有这样的矛盾：总部给派的任务，您不想去做，根据您对中国的了解这已经不是新话题，但总部的编辑还是希望你去？

**答**：有时候会有的，不是经常发生。同样的话题，你也可以找新的角度来写。如果读者对某个现象感兴趣，作为记者，你也不能完全不理他们。如果你觉得过去的报道是不完整的、有误解的，还要想办法补偿。我觉得这个问题没有必要太绝对。我们很多外国记者，确实不是很了解中国。

**问**：你们在做重大新闻的时候，如何做出特色，以便在通讯社竞争中保持优势？

**答**：这很难回答，当然要做最好的、写得最准确，主要是准确、客观、好看。说白了，就是讲故事。如果故事讲得不好，谁听谁看呢？

**问**：说到讲故事，很多人就会联想到《华尔街日报》的特稿文体。您在路透社运用的“讲故事”的文本策略有什么特点？

**答**：当然不是所有的文章都可以像那样写很长，以故事的方式来写。好看的就是语言好看，容易读懂。结构上，倒金字塔模式已经过时，通讯社要写快。写快的过程中，第一遍不是那么好看，但同时可以改的。我觉得和报纸的风格没有什么大区别。

**问**：能具体给我们介绍一点经验吗？比方新闻事实和背景资料如何有机结合等。

**答**：每种体裁是不一样的。如果是很复杂的财经问题，肯定要多加一些背景，把一些经济政策讲清楚些。我觉得，没有统一的标准，不同的题材、不同的问题都不一样，这也不是中国新闻的问题，所有新闻都面临着这个问题。

## 我是心里有数了才去写的

**问**：新闻实践往往面临各种压力，您在对华报道中有没有自我审查的情况？

**答**：没有。

**问**：在您看来，是不是只有事情值不值的报道之分，没有敏感不敏感之分？

**答**：当然有敏感和不敏感之分，但并不意味着你不去做了。我从来没有觉得有自我审查，如果我觉得有，就已经离开这个国家了。我没有这种压力，我会如实写一些敏感问题。有一点，你可能不是完全了解：记者的竞争也是很激烈的，我不写了，肯定也有别人去写，不写就是漏点了，这个不是我自己能做主的，不是我不写了就没有新闻了，根本不是那回事。

**问**：对于那些敏感的东西，你会以一种什么方式来写，或者是否有一些处理技巧？

**答**：我想这是中国记者面临的问题，境外的记者应该不存在。我没有处理办法，只是说有敏感和不敏感的，但都要写的。很多重大问题上，我认识的中国官员最关心的，不是你要写，而是写的时候给不给他公平的机会来表达政府的态度。我在做报道的时候，不光给政府，而且给所有当事人以说话的机会。

**问**：很多外国记者抱怨，很难从政府那里得到足够的信息或听到及时的声音。您有什么办法？

**答**：我没有办法，也没办法替政府说话。有些问题，用匿名也没有用的。还有个办法就是同一个事情或同一种现象，把中国政府对此问题的广泛说法和评价援引过来。

**问**：您是不是也认为，政府在针对事件提供消息和发出声音方面比较迟钝？

**答**：确实很迟钝，出来说话的都是很笼统的表态，不说具体的，包括在一些重要的外交事件上。时间长了，只会对中国政府不利。

**问**：我想知道，您在报道中国问题时，怎样遵循客观报道的规范？比如对2008年春节期间的大雪灾，不同的外国记者会有不同的评价和感受，如何避免偏见或情绪对报道的影响呢？

**答**：采访过程中要得到一个完整的、客观的认识，你才能写新闻。雪灾的问题，中国有关部门、地方政府是不是在具体问题上准备不足或反应太迟钝，那需要进行更多了解。但有一个基本事实，任何国家遇到这么大的雪灾，政府肯定会很困难的，这个雪灾不是政府造成的。当然，如果民众有意见、有不满，也不能说他们没有道理。处理这样的危机，任何一个政府都会感到棘手。

**问**：我看到你们路透社报道比较客观，落脚点重在雪灾带来的经济损失。

**答**：应该是吧。反正我个人有一点，最近总理去湖北、湖南，我个人觉得不太必要。你也知道，一个中央领导人下去看一看，要动用多少人、多少武警、多少解放军，给当地老百姓造成多少麻烦。在灾情如此严重的情况下，有必要去吗？

**问**：这恐怕是您的个人判断，而且未必准确。放在中国文化和心理的情境中看，政府最高领导在危机时刻现身现场，对普通老百姓来说是一种鼓舞，当然也是政府重视救灾的一种表态。

**答**：我能了解，这也反映中国政治和文化中的一种需要。他觉得需要表示关心百姓的痛苦所以他就亮出来，但还是作秀。如果在我自己国家，我们总理这样下去了，我会很反感的。如果在我自己国家做这样的报道，我也不会做评论，可能想多了解，老百姓怎么看这个事情，有必要这么做吗？

**问**：那么，您在中国也可以多了解老百姓怎么看这个事情？

**答**：我看大多数中国老百姓还是比较欢迎的。

**问**：至少中国老百姓，好像不会对这种形式特别反感。

**答**：对，尤其是农民，基层的老百姓，尤其是对温家宝印象特别好的。在基层，人们确实对他有好感。

**问**：基本上，您的文章有多少会被翻译成中文？您通过什么途径来了解读者对自己文章的反馈呢？

**答**：不清楚，不是很关心。我可能比较看重同行们怎么看，是不是好文章，会不会追踪，是不是会写同样的问题。我可能比较看重这个。当然最基本的，就是自己满意吧。很多文章，我觉得自己写得不错，但没有反应，那我没办法。我觉得应该写，满足我的要求，我就发。

**问**：您在中国基层采访这种题材，会有很大困难吗？

**答**：困难不是特别大。中国老百姓，普通的中国公民，现在挺愿意说话。他们会有各种各样的看法，都挺愿意说的。有时候，也会遇到很多困难。碰到政治上比较敏感的地方，那是不一样的。但总体上，跟前几年相比，还是有比较明显的变化。

## 中国怎么变，很大程度上取决于农村

**问**：如果我们按照所谓正负面来区分的话，我们看到您的不少报道以“负面新闻”为主。为什么？

**答**：我觉得这不是正面、负面的问题。新闻都是关于变化的：社会在变化，人在变化，中国在变化，在变化过程中会有调整。所以，我不是写正面或负面的，而是写中国人是怎么看这些调整，中国政府是怎么看这些调整，有关部门要怎么解决这些调整，他们的解决方式是不是有效。当然你写新闻也要讲故事，需要不同的人、不同的看法、不同的立场，你才有故事，大家才会感兴趣。

**问**：您认为，新闻必须包含不同性质的消息源，其中的冲突也是必然的。

**答**：你现在肯定有误解。我写的很多新闻，有关部门是很满意的，尤其是关于中国外交的报道。我感觉，这个题材我还是比较有把握，比较客观的。我不会去瞎说中国政治如何如何，会完全了解以后才去写，不会做渲染性的报道。我觉得你说的负面报道，可能你自己也有偏向，也没有完全看我的文章。

**问**：其实，我的问题与其说针对您个人的报道，不如说是谈公众对这个行业的印象——对外国媒体报道中国的整体印象。

**答**：你说得对，肯定不是正面的东西。比如农村问题，我也经常跑，我看到很多农民很困难，很多地方也还很穷，但我也看到中国农民的生活，尤其是这几年还是有很多改善。当然，医疗问题现在也是很困难的，基本上没有很大变化，但中国政府在努力，我也会写，也已经写过。

**问**：从比较全面的角度来评价，您觉得，境外媒体对中国的报道是否全面、客观？

**答**：你也知道，国外媒体多种多样，他们采访报道的传统都是不一样的。你能看到的，都是英文的。让我做一个综合评论，没办法做。

**问：**您对（20世纪）90年代很流行的那个词，怎么看？所谓的“妖魔化”理论。直到今天，还有很多公众甚至多数公众依然认为，外国媒体好像还在“妖魔化”中国。

**答：**老百姓是不是真的这么想，我觉得也是个问题，他们会有一些整体印象，但从哪里得出来呢？他们直接看新闻吗？很少的。他们主要是通过国内媒体的报道吧。

在一些大的外交问题上，会存在意识形态的不同看法。比如说中国崛起、中日关系、中美关系。我想“妖魔化”的作用，不是媒体本身可以产生的。比如食品安全问题，恐怕中国政府当初处理时，有一些做得不足，但他们说有些报道挺过分，也有一些道理。

**问：**所以，您对“妖魔化”的个人看法是什么？不存在有意的“妖魔化”？

**答：**没有有意的，当然也不排除有些问题上，如出口食品安全，有潜意识的作用。但大体上，我觉得没有有意识地去做。

**问：**我们跟不少外国记者打交道，能对中国这种复杂政治生态准确把握的并不多。今天跟您交流，发现您是意志很坚定、想法不容易改变的人。另外，对普通公众尤其是弱势群体有一种天然的怜悯之心。我不知道，这种悲悯之心来自哪里？

**答：**不是同情。有时候，那些上访的老打电话，我也很痛苦。但我们要帮助国外读者比较完整地、客观地了解中国。所有人感兴趣的故事都是关于人的故事。如果我能通过一个地方的一个人的故事，把一个大的情况，或者一个大的问题讲清楚，把它的性质、复杂性讲得清楚，我就满意了。有时候，也可以说是同情，但我不是为了同情而去写这样的东西。

**问：**农民、农业和农村问题，确实需要给予更多关注。如果单纯听从上访群众的意见，也不够全面，还是要实地考察。

**答：**他们上访，包括找记者上访，就是把问题的某一面说给你听。当然有的在你了解之后，觉得他们说的还基本真实，但一些农村的题材还是很复杂的。如果你没有机会深入采访的话，会很难把握。

**问：**您会经常提到下基层、去农村，您在和中国同行交流的时候，觉得他们中真正重视农村问题、具有农村意识的多不多？

**答：**少吧。在我看来：第一，去农村采访是很有趣的，可以和各种各样的人打交道。我们做三峡报道的时候，觉得很有意思，他们的村庄很漂亮，也愿意在那儿多待几天。第二，中国这么大的国家，有多少个亿的农民，将来中国怎么变，变成一个什么样的社会，很大程度上取决于农村会出现什么样的变化。

**问**：您怎么预测和看待中国的媒体环境和发展趋势？有人说会更好，有人说可能会倒退。

**答**：后退是不可能的，总体方向要比过去公开，很多过去不能写的问题现在可以写了。从去年看，中国媒体还是很活跃的，尤其是南方的媒体，厦门PX项目①、上海的磁悬浮②也写了。媒体之间的竞争很重要的，像我前面说的，一个问题我不写就有别的媒体写，在国内也有同样的动力。

**问**：我们需要采取什么措施，能使外国媒体对中国的报道更均衡、更全面？

**答**：本身要多努力吧。语言还是最大的障碍，他们有很多事情，不是很容易跟中国人打交道，对中国媒体的报道也没有完整了解，或者了解得比较窄。我不知道通过什么方法可以改变这种状况，但是一定会有办法。如果能把中国最近比较好的报道译成英文或其他外文，可能有帮助。很多问题还是国内媒体先写，而不是国外的，尤其是环保方面的报道。

**问**：您是怎么建立一个高效的信源网络，使自己不会漏掉重要的信息和题材？

**答**：没有办法（笑）。我每天要看中国的媒体，上班会看新华社、人民网、新浪、百度新闻网。看完这些，再看一些报纸，中央的报纸比较多，地方的比较少。

除了这些正统的渠道，就是找朋友谈。你可以通过朋友，了解到许多东西。在聊天中，你经常会对事情有进一步了解，也会产生许多新的想法。关于博客、论坛等，也应该多看，但我看得不多，时间不够。

---

① 厦门PX是个化工项目，投资逾百亿元，但距离人口密集区过近，有环境污染之险。从2004年2月国务院批准立项，到2007年3月105名政协委员建议项目迁址，厦门PX事件进入公众视野，及至厦门市政府宣布暂停工程，PX事件的进展牵动着公众眼球。厦门市民通过和平、理性的“散步”方式，表达了“反对PX，保卫厦门”的民意。

② 指2007年上海市民的“散步事件”，上海磁悬浮机场联络线方案低调公示后反弹强烈，沿线居民不但通过邮件、书信表达意见，更借鉴厦门PX项目做法，以“散步”等更“积极”的方式向当地政府陈情，要求再度改线或扩大拆迁范围。详见《上海磁悬浮线路方案引起沿线居民争议》，《南方都市报》2008年1月13日，文/杨传敏。

# 寻找使人们生活得更好的故事

## ——《基督教科学箴言报》驻京记者付毕德（Peter Ford）访谈

### 个人简介

付毕德（Peter Ford）于1985年开始了他的记者生涯，起初在中美洲报道当地内战情况，以及战争对尼加拉瓜、萨尔瓦多和危地马拉的影响，主要为英国《金融时报》、《经济学人》和美国《基督教科学箴言报》[①] 供稿。同时，也以自由撰稿人的身份为BBC（英国广播公司）和其他国际媒体供稿。

他于1988年转移到布宜诺斯艾利斯，主要对拉丁美洲南锥地区进行报道，为英国《独立报》和《基督教科学箴言报》供稿。1990年之后，他又到耶路撒冷成为《基督教科学箴言报》驻中东记者。在此期间，他报道了1991年海湾战争、巴基斯坦第一次暴动以及中东和平进程。1994年他驻莫斯科当记者，对叶利钦时期的俄国进行报道，并报道了第一次车臣战争。1998年他前往巴黎，担任驻欧洲首席记者。之后的7年，他不仅负责报道整个欧洲的新闻，还多次前往中东报道伊拉克战争及其余波。2006年11月，他来到北京成为驻华记者。

---

① 《基督教科学箴言报》（*The Christian Sciences Monitor*），美国英文日报。1908年11月在波士顿创刊。基督教科学出版社出版。1975年起由对开版式改为4开版式。每周一至周五出版5期。以述评和分析国内外重大问题和有独到见解著称。曾多次获普利策奖。读者以美国中上层知识分子和国际问题研究人员为主。1975年在伦敦出版国际周刊，以刊载国际新闻和评论为主。2008年11月，该报宣布将从2009年4月起停止出版纸质日报，专注于网络版报纸，从而成为美国首家以网络版替代纸质版日报的全国发行报纸。

## 访谈实录

访谈时间：2008年1月28日上午

### 因为没在这里采访过，所以想来中国

**问**：刚来中国的时候，这里给您什么印象？

**答**：我是在2006年8月来到中国的，经过6个月的语言培训之后，开始工作。培训之后，我还是不怎么会说中文，但总比没有培训强些。我的妻子和两个孩子随我一起来到了这里。我在为美国报纸写新闻，但我的国籍是法国。过去，我在美国中部待过，然后去了南美的阿根廷，然后又去了莫斯科，之后在法国7年，才来到中国。我已经做了20年的记者了。我对于中国的印象取决于我的采访对象和地点。在上海和在安徽农村采访，你会觉得这是两个不同的国家。采访60岁的和16岁的两代人也会觉得你是在不同的国家。但是所有人对于中国的印象都是"中国变化很大"。

**问**：当初您为什么会选择来中国做记者？

**答**：理由挺简单的，因为我从来没有在东亚工作过，所以想来中国。我是欧洲人，一直在欧洲做报道，很容易理解欧洲发生的事情。而一旦你认为发生的事情是理所当然的时候，对记者来说就很危险了。所以我喜欢到一个我一点都不了解的新地方，这样我可以不停发问，不停学习。中国是一个可以学到很多东西的地方。

**问**：对于刚来中国的您来说，如何去获得足够的信息，并迅速理解这些信息背后的意义和原因呢？

**答**：我不可能马上就能理解。要很快理解任何一个国家都是不可能的，理解需要一个很长的学习过程。我想找到足够的信息，得有赖于中国办事处同事们的帮助，帮我找故事，找消息源。中国的情况的确很复杂，即便中国人要深入了解中国也很难，更不要说我们外国记者了。刚来中国的西方记者必须谦虚好学，去尽量多地了解自己不知道的事情，尽量搞清楚自己读到的东西。

**问**：怎样逐步加深对中国的了解？您在采访报道中会碰到什么困难？

**答**：中国的情况很复杂。有时候，我觉得，中国政府可以完全控制国家局势。但有时我又有相反的感觉。另外，我觉得，外国记者常常受到地方政府的管制，

他们总是试图限制外国记者做报道，不让他们看到中国的弊端。

**问：** 我们的媒体在党和政府管理下，比较重视舆论导向、正面宣传，官员的观念也会受此影响。

**答：** 而且，当地政府总是尽力去隐藏不好的新闻，不仅要瞒住世界，更要瞒住北京。如果我们的报纸报道陕西的地方政府将农民的土地拿走，地方政府知道他们自己会有麻烦。农业部读了这篇文章，有可能会派人去调查情况。这样地方政府就会有麻烦。

**问：** 的确有些地方官员在以权谋私，当然还要保住乌纱帽。您如何看中国的政治制度以及经济状况呢？

**答：** 毋庸置疑，中国的经济发展非常迅速，但也存在隐患，危机可能先在股市爆发，股市一旦崩溃，那些把自己多年积蓄拿出来炒股的老百姓会很愤怒。现在，中国人炒股已经失去了理智，这也反映出他们的盲目。如果一个国家的政府掌握所有的权力，而老百姓们又盲目跟从，这个国家就会很不稳定。

在中国，政府试图控制任何事情，老百姓就会将任何问题都归咎于政府。这也是政府的问题。此外，中国现在经济发展区域不平衡，东部城市非常发达，其他地方根本无法企及，而且有的地区相当落后，这样的状况长期发展就会带来社会的不稳定。中国国家权力中心在北京，如果中央不能及时掌握地方发生的事情，也会有潜在的政治问题。

## 在中国，很难找到政府官员发表的评论

**问：** 如果来中国时间不长，又对中国缺乏足够了解，如何保证自己的报道准确、真实呢？

**答：** 首先是要与尽可能多的人交谈，获得初步的、广泛的信息和观点；其次要多去各地采访，获取一手信息，尽可能让事件的双方都说真话；还有就是做出个人判断，我做了20年的记者，有能力去辨别信息真伪和事情真假。不过，我不能说中文，这使我在判断对方有否说谎时有些困难。如果我对中文能有英文那么熟悉，那我就能辨别信息的准确性和真实性。通过翻译就有可能错误判断。因此，我对我的翻译要求很高，不仅是帮我翻译，还要能够告诉我，他觉得对方是否在说谎，而且他必须是个中国通。

不管怎样，在做个人报道时，通过个人情况分析和实地采访，能够保证报道的准确性。如果做政府方面的报道，就要复杂些，因为很难采访到政府官员，也就很难找到一手信息。于是，我就通过新华社和《人民日报》的报道来获取信息，它们都是政府的喉舌，可以找到部长们的说法。当然，我也会在自己的报道

里标明，消息来源是新华社或《人民日报》。它们属于政府机构，如果它们发表了，我就认为它们说的是真的，部长们的确说了这些话。因此，新华社和《人民日报》成了我的一个消息源。

**问**：除了新华社和《人民日报》，您会不会关注一些高度市场化的报纸，如《北京青年报》、《南方周末》等？

**答**：新华社和《人民日报》只是政府新闻方面的主要信源，而非所有报道的主要信源。我们没有机会采访到政府官员，新闻发布会有时候会有些用，尽管如此，还是很难采访到级别高的官员，只好通过新华社和《人民日报》这样的官方媒体来获悉。除此之外，我们也会广泛阅读其他报纸，从中得到线索启发，它们有时候会报道很有趣的事情，从为我提供一些新闻线索。不过，我还是会自己做报道，只是引用一下它们而已，比如我会在报道写“在《南方周末》中曾提到……”，然后，就是我自己做的调查。

**问**：我想，通过对信息的专业筛选和辨别，可以做到具体事件的准确报道。但还是很难全面地把握中国的真实情况，更难在此基础上做出宏观层面上亦符合真实要求的深度报道。对此，您怎么看？

**答**：我认为，中国是我工作过的最难做报道的地方，因为缺乏可靠的信息来源，这也主要跟政府政策有关。如果政府愿意向公众公开信息，那就很好。但在中国，很难找到政府官员发表的评论，除非是通过官方媒体刊登出来的。

这也是信息发布制度存在的问题。政府一直在倡导政务公开，设立新闻发言人制度也是一个进步，但实际上，当我真的去找新闻发言人时，却一般都要不到任何有用的信息。这也是中国和西方国家新闻发言人不同的地方，西方新闻发言人的工作是尽自己的可能回答问题，即使他们不知道也会去找高层官员问清楚再回答，甚至主动提出约个时间让记者跟政府官员聊聊。但中国的新闻发言人大多数回答模棱两可，或者回避问题。此外，发言人的级别不高，不敢谈论级别比他们高的政府官员，政府官员也不相信级别比他低的新闻发言人。这样，新闻发言人的处境就很尴尬。所以，在这里，西方记者往往不知道怎么找到与政府相关的信息。

**问**：你们会尝试多找新闻发言人进行沟通么？

**答**：当然有，我们每天都会找他们，但电话经常打不通，或者打通了说他们不在，或者说部长早在6个月前开过新闻发布会了，介绍过我们要采访的内容。总之，我认为，新闻发言人制度本来是很好的制度，但在中国，实际上起不了太大的作用，这方面是有待提高的。

前面说的都是有关政府报道的，至于非政府报道，则去采访普通民众。作为外国记者，我现在不需要告诉外办，可以去任何想去的地方采访，除了西藏。最近，我还去了山西太原。这些都是符合相关规定①的。这个规定表面上指的是报道与中国相关的事情，但外交部的领导口头上告诉我们，当前发生的事情都与奥运相关，也就是说，我们可以做任何关于中国的报道。但实际上，我去一些乡村采访时，把这份官方文件出示给当地政府官员看，一些人却认为我报道的农民问题与奥运无关。

**问**：有个德国记者告诉我们，在这个新规定出台之前，他也从来不跟外交部门打招呼，而是自己直接去找采访对象。

**答**：是，的确没有必要告诉外办，可以直接去采访普通人。可是，我总是被警察、当地官员或者其他人阻止采访。外国记者到中国乡村去采访，很难不被当地人认出来，因为外貌特征很明显，他们一看就知道我是个“老外”。出门采访，一直都有这个问题。

对农民进行采访有个很大的问题，就是他们很难畅所欲言。我们可以找到想要采访的人，可对方未必会自由回答，生怕惹麻烦。所以，我总是很难知道农民的真实情况。

恐怕主要有两个原因造成了他们的态度：一是他们压根就不知道记者是干什么的；二是他们能读到的只有国内的报纸，而这些报纸不可能告诉农民想知道的事情，因此，农民根本不信赖报纸。如果农民接受我的采访，并如实地介绍村子里的情况，这可能给他带来麻烦。或者，我可能错误地引用他的话。即使他并没有说任何敏感的话题，经过我错误的引用之后，也可以变得敏感，所以对于一个普通的农民来说，接受我的采访对他来说没有任何好处。除非他和地方政府有矛盾，想利用媒体扩大宣传。但这样的情况在中国还比较少。在西方，如果有人跟政府产生冲突，会主动找当地媒体诉说，媒体也持欢迎态度，但在中国不大行得通。

## 我对农村问题更感兴趣

**问**：您如何判断和衡量新闻题材的价值大小？关于中国，您最感兴趣的报道领域是什么？

**答**：随着中国经济的发展，社会发生巨大变化，我对如何发展“公民社会”很感兴趣。现在，中国有很多自发组织起来的环境保护组织、弱势群体救助组织等，努力改变一些政策，或尽可能来帮助别人。这些群体都不是政府组织起来的，而是完全自发组织起来的。我认为这是一件很有意思的事情。要知道，一直以来，“公民社会”在其他国家能够发出强有力的声音，来推动社会变革，而中国以前

① 指《北京奥运会及其筹备期间外国记者在华采访规定》。

则很少如此。所以，我非常好奇，“公民社会”是如何在中国逐渐产生的。

**问**：这的确是一个非常重要的问题。此外，还会有兴趣做什么方面的报道呢？

**答**：环境问题也被越来越多地关注。但是，我个人还是对农村问题更感兴趣，我认为在中国乡村有许许多多有趣的事情。

**问**：您的新闻价值观是什么？如何判断哪些事情值得报道？

**答**：《基督教科学箴言报》是一份很特别的报纸。我们倡导社会价值观，希望提供一些促进人与人沟通、减少人与人冲突的建议。报纸成立时确定的主张，就是要帮助人们更好地互相理解、减少误解。一直以来，我们都在努力寻找那些使人们如何生活得更好的故事。

我认为，新闻报道就要揭示问题，只有让读者看到问题，才可能去找到解决方法。我们也努力去寻找那些能提供解决方法的人，如果真的有人找到方法，能改变现状，我们就会去报道他，因为他在帮助人们生活得更好。比如，我们曾报道一位在云南拯救金丝猴的年轻女子，她和当地农民一起努力拯救金丝猴，我们认为她值得做人物报道。

我们总是去报道那些用实际行动解决问题的人，而不仅仅是口头上抱怨中国问题有多么严重的人。我们关注人们遇到的问题，不仅仅是中国的问题，包括世界其他国家的问题。同时，我们不只揭示问题，还要提供解决方法。

**问**：这篇关于云南女子拯救金丝猴的新闻，从哪里获取的新闻线索？

**答**：很偶然知道的。有一次，一位在美国公关公司工作的朋友发邮件告诉我，他们公司跟环保总局签了份合约，帮助中国培训环保人士，他们正准备新闻发布会。于是，我就知道了这件事，听说了这个人。

**问**：很多记者在新闻学教科书里学到，“坏事情才是好消息”，你们报纸的定位非常特别。

**答**：的确很特别，这也是我加入《基督教科学箴言报》的重要原因。我以前也在《金融时报》①、《经济学人》② 工作过，但我最喜欢现在的工作，因为我可以表达自己的观点。

**问**：听说《基督教科学箴言报》记者的工作压力非常大，每周要写好几篇报道？

---

① 英国《金融时报》创刊于1888年，由皮尔逊公司所属的金融时报公司出版，被认为是英国最权威的经济新闻报纸。1995年1月，《金融时报》开始发行面向海外读者的新国际版。

② 《经济学人》(*The Economist*)，1843年创刊于英国，是一份包含新闻、政治经济观点和深度分析的周刊。该杂志所有的文章都不署名，皆由集体创作。该刊始终恪守创始人 James Wilson 的办刊思想：“在文章中提出的任何争论和主张必须经得起事实的考验”，文章始终叙述朴实、用词准确和忠于事实。

答：我一周写两篇报道，有时不能完成两篇。

问：不写的话，编辑部不会发邮件或打电话催促你？

答：不会逼我，但会问我，正在写的报道进展如何。比如，我正在写一篇报道，已经写了8天，还没写完，是关于政府价格控制的。当前，物价上涨，尤其是油、醋、猪肉的价格，但我的关注重点不是政府的价格控制，而是想结合经济发展情况，研究一下中国到底能在多大程度上掌控好市场经济的发展，以及政府如何控制住猪肉价格上涨。我想找到相关的政府官员和专家谈谈，但很难找到，所以到现在都没有写完。

问：我们在网上读到过您写的一篇类似报道，叫《物价上涨考验中国消费者》。

答：哦，那是我和一个澳大利亚自由撰稿人合写的，他在上海做采访，我则写了一些背景分析。

问：你们的写稿节奏相对从容，所做的报道跟通讯社应该有很大区别。

答：的确是两种完全不同的工作。通讯社报道最近在发生的事情，有时候也会写一些长篇报道，但基本上集中于报道动态事件。他们一天写三四篇，我一周只写两篇，我会去写这些事情为什么会发生，要为读者提供他们在通讯社报道中得不到的信息：事情发生的原因是什么，这次跟以往有什么不同，事情的发展走势以及人们期待的解决方法有哪些等等。

问：您通常借助什么方式来知道读者对你报道的反馈呢？

答：主要通过网络。在我们的网站上，新闻报道都可点击留言，可以说出你的想法。中国人点的比欧洲人多，比中东人少。我在中东做记者的时候，很多人会点击留言，表达他们生气等情绪，很有激情。中国读者点击留言的也不少，他们会告诉我，并不赞同我的观点，我总是尽量回答，即使问得很不客气。我喜欢从我的编辑那里得到反馈，当然他们是通过电子邮件告诉我的。

问：昨天，我们访谈一位外国记者的时候，他告诉我们，在中国做报道有个困难，是有些想做的选题经常被编辑部“枪毙”。您有这种烦恼吗？

答：我比较幸运，在《基督教科学箴言报》工作17年，编辑们都很相信我。一般而言，他们每周都会来问我，这一周想做什么报道，有时候还会拿一些其他媒体对亚洲的报道，问我是否感兴趣，是否可以融入我正在做的新闻中。这很有帮助，能够帮助我找到更多相关素材。基本上，70%的新闻都是我自己选择的。

# 以话筒作笔描摹万象
## ——美国国家公共电台驻中国记者孔安（Anthony Kuhn）访谈

### 个人简介

孔安（Anthony Kuhn），美国国家公共电台（NPR）① 驻中国记者。他的报道关注这样的故事：正在复苏的中国如何影响世界，中国的外交政策和环境政策，古老的中国文化传统对当今的中国仍然有着广泛的影响，在快速发展却存在不平衡现象的历史时期中国人追求公平正义等。

2004～2005 年，孔安在伦敦工作。他曾报道过 2005 年英国交通系统遭遇的恐怖袭击事件以及曼联足球队出售事件。当年春天，他从伊拉克发回了关于伊拉克选举产生的临时政府的报道。

自 1996 年开始，孔安为 NPR 发回来自北京的报道。同时，他还是《洛杉矶时报》的自由撰稿人以及《远东经济论坛》驻北京的特约通讯员。在来北京工作之前，孔安热爱学习罗马语。在高中和大学期间，他研习希腊语和拉丁语，并获得了圣路易斯华盛顿大学法国文学方向的硕士学位。他曾在曼哈顿东城做过几年的社会研究，曾在北京外国语大学研究语言并完成了约翰霍普金斯大学以及南京大学的中美研究中心的研究生课程。

不忙的时候，孔安偶尔会骑着自行车逛逛北京的老胡同。

① 美国国家公共电台（National Public Radio，简称 NPR）成立于 1970 年，节目以新闻及综述为主。每个星期有 2200 万美国人收听，听众中不乏知识分子、政界和商界人士。美国前总统克林顿就曾说，他是该台的忠实听众。由于每天给听众提供深入、透彻、公正的新闻报道，NPR 在美国广播界处于主流地位。

## 访谈实录

访谈时间：2008年1月27日下午

### 外国媒体写中国，只写了一个轮廓

**问**：我们很好奇，您的中文水平为什么这么好？

**答**：我1984年来到中国，当时是大学生，在北京外国语学院和南京大学读过书。从1991到1992年，我在南大的中美文化研究中心。做记者以后，基本上就是《洛杉矶时报》① 和《远东经济评论》②，从2004年开始就在NPR（美国国家公共电台），先去了伦敦一年，2005年秋回到这里。我愿意每过一段时间就做点新的，作为记者，去过的地方越多，越能有办法作比较。

**问**：过去20年，您自己对中国的印象有什么变化吗？

**答**：有很多变得谁都认不出来，有很多根本就没变。城市变了，消费习惯这些全都变了。很多概念还是没有变，比方一些传统观念，对家庭、对社会、对政治、对世界都是没有变的。但是，从1984年到现在，整个一代人都出生、长大、成熟了。

**问**：如果用几句话来概括中国的变化，您会怎么说？

**答**：肯定不能用几句话来概括。最重要的是，中国要跟它自己以前的状况作比较，也要跟世界其他国家、其他地方、其他文化、其他制度作比较。比如，拿西方的民主跟它比，可能确实有很多地方还比较专制，但我总是说，西方国家也很专制，英国过去也是完全专制，也没有任何民主、法制、人权，就是王权。你要求什么英国亨利八世，做一个现代人，把现在的观念强加给他，也是不太可能的。你得考虑它现在处在什么样的阶段，也必须看它是从什么地方发展过来的。

**问**：您觉得，现在的中国处于一个什么样的阶段？

**答**：从长远来讲，那些认为你是专制、黑暗、独裁的国家，其实没有走多远。像英国的王权，虽然只是象征性的，但每年国会开始还是女王把国会的日程安排

---

① 《洛杉矶时报》（*Los Angeles Times*）是美国西部最大的对开日报，其影响与地位仅次于《纽约时报》和《华盛顿邮报》，被称为美国的第三大报。

② 《远东经济评论》（*Far Eastern Economic Review*，简称FEER）是一本英文时事杂志，专门报道亚洲时事政经内容，1946年10月16日于香港创刊。

念出来。虽然都是象征性的，但还是存在，而且英国人自己也觉得这个是非常可笑的、过时的。而且，那些自认为民主发展了几百年的国家，这些年也有所退步、有些弱化，包括美国、英国。所以，我认为哪个国家都没有离那些专制的年代很远。

关于中国，我认为最关键的就是老百姓的自我定位，把自己看作是公民、纳税人的意识，有的地方这个意识还没有。你到农村，有的人的态度还是跟什么皇权意识、君臣意识有关，英国也有，他们是臣民。我听说，过去中国的官方媒体不允许用“纳税人”这个词，但起码这个概念越来越深入人心，而且是经济学家或很多学者在报纸发表评论，不断把这个概念灌输给公众。

民主方面，我们采访的官员中，没有不懂这个道理的。比如，十七大报告中写到中国要走民主之路，建设民主国家，它的阐述越来越详细，但是实质性的动作还是小。虽然提出由党内民主带动社会民主，具体动作还不是很多。

**问**：更多的是一种姿态或者表态？

**答**：对。你来一下北京或上海，你体会不到中国是什么样子的。我们媒体要能够预测，年底会怎么样，过五年、十年中国又会怎么样，但又很难做到。现在显露出很多问题，比如南方下雪，北京命令各省市不能把煤炭资源限定在各省市；再有物价上涨，整个通货膨胀会不会引起社会不稳定，谁也看不出来；还有股市楼市，由于全球股市下跌，会对中国产生什么影响，会对股民造成多大损失……这些东西现在都很难预测。

**问**：您的意思是说，我们很难去预测中国社会的走向？

**答**：中国的确非常复杂，媒体也好，读者也好，有时候他们感觉很困惑。经济发展那么快，那么多人致富，那么多人脱贫，但你领导方面又很脆弱，现实就是这样，很多因素交叉在一块。我们反对去写一种黑白分明的东西。现实比较复杂，写东西不能一刀切。

**问**：您是否觉得，大多数驻华的外国记者也有这种意识？

**答**：我认为是有的。只看一家外国媒体，你很难了解中国的情况，得多看一些报道，每大看好儿家或者一些比较优秀的外国媒体，这样才会有比较全面的感受。我有很多信息库，可以看全球主要报纸和杂志，我争取每天看，起码要看下标题，《纽约时报》、《华盛顿邮报》、《芝加哥先驱报》、《金融时报》、《卫报》，还有美联社、法新社等通讯社，杂志有《时代》、《新闻周刊》、《经济学家》等。我主要搜索西方媒体每天关于中国的报道，看得越多，就看得越清楚。

**问**：通过这些数据库呈现出来的中国形象，跟您在中国实际感觉到的基本一致吗？

**答**：差不多。总的来说，我觉得外国媒体在中国写的这些东西、看到的这些东西，还是比较表面的。尤其政治方面的，只能说就是写一个轮廓吧，很多具体的东西看不进去，也看不清楚。

## 体察和反映民情是我们的天职

问：你们的外国记者俱乐部设在哪里？如何进行管理？

答：我们有一些秘书长之类的，但没有自己的地方，也没有合法的身份，政府不认可我们。一般年底有联欢，平时也经常组织活动。大家一般都是工作时见面，在工作场合。如果是联欢性质的社交活动，可以带孩子去放松。

问：有哪些因素阻碍了西方记者更深层次地了解中国、更全面地报道中国？

答：很多原因。一个是很难采访官员，主要官员根本不可能采访到。另外就是这些官员接受采访时都比较格式化，讲话不是特别具体，比较笼统，政治术语比较多。新闻也是这样的，它不是历史，没有这些文件参考，有时候也就只能写个轮廓，写个大概。政治方面，没有透明的机制或者传统、习惯。其他领域好一些。总体来看，中国老百姓也越来越愿意跟外国媒体讲话。

问：您的这个观点好像跟多数西方记者不一样，他们很多人抱怨说，中国老百姓不太愿意或不太敢对着西方记者讲真话。

答：首先，我认为在任何一个国家，都会有很多人觉得跟记者说话没什么好处——未必会带来麻烦，只是没什么好处，没有时间、跟自己没关系就不想讲，我在别的国家也会遇到这种情况，愿意和记者说话的还是少数。那你就得多采访，才能找到这些愿意说话的人，这是很正常的。

其次，是中国过去的历史，过去跟中国记者讲话具有很大的风险。另外，中国有一种比较闭塞的观念，认为这个国家的事情跟另一个国家的事情是没有关系的，有的老百姓还会想：外国人了解中国有什么用啊，为什么要和你说这些，你又不是中国人……有的也不了解什么是新闻，主要是跟宣传分不开。于是，你问他问题，他总觉得有个正确答案要说，说的跟报纸上写的不一样就是不准确。

再次，就是，他们可能觉得外国记者都是坏蛋，你告诉他实话你就是卖国贼、汉奸。但是我觉得年轻人好多了，越是年轻越是愿意讲，他觉得：第一，这是他的权利；第二，世界很小，国家之间都是互相有关的；还有，他们也知道媒体是民主社会所需要的东西，没有老百姓跟记者说话，哪来媒体的报道呢？现在遇到问题的老百姓会更加主动，觉得媒体可能帮助他们。所以，这些意识都在增强。

问：一些老百姓在利益受损的时候，求助于外国媒体，给你们爆料。这种情况下，你们做采访和报道的时候是否会带有一种怜悯的情绪和帮助的心态？还是纯粹从专业的角度来判断这条新闻有价值才进行报道？

**答**：当然是后者，我们不可能为了解决他们的问题而报道，那不是新闻的目的。我们每次也要跟那些老百姓讲清楚：首先，我们不是官员，不代表任何国家的政府，解决你们问题的不是媒体而是政府；其次，这样的老百姓很多，我们要报道的是这个国家整体的情况，不可能专门报道这些东西，可选择的东西太多，真正能报道的只是一小部分，而且作为记者，我们要报道的是那些动听的、比较有故事的。但是体察民情是我们的天职，反映老百姓的诉求、反映老百姓的问题，这是我们的天职。

**问**：体察民情对记者来说，可真是挑战啊，尤其对我们这个复杂的转型社会。你个人的经验是通过什么方式更好地了解中国？

**答**：一个是看中国的媒体。我认为，大部分媒体没时间看就可以不看，党报有党报的用途，可以用来了解方向。好的媒体专注国家的脉搏，时间掌握得特别好，这些年来，我经常能够感觉到中国的一些期刊，像《中国新闻周刊》、《三联生活周刊》、《瞭望东方周刊》、《财经》等，它们写的东西比大多数日报还及时。有些日报也很有作为，像《中国经济时报》、《新京报》、《南方日报》、《南方都市报》等，周报如《南方周末》等当然也很有作为。通过这些媒体去了解中国，然后多和中国人接触，别总在北京待着，其他也没有什么绝招了。

**问**：您通过什么方式来建立自己的人际关系网络？

**答**：我经常去找人分析新闻，找那些我看过他们的文章、很佩服他们见解的人。有的记者经常老是用同一批人作为分析人士，我却尽量找一些新的人，不是别的媒体经常采访到的人。我并不在乎他们的观点是有什么价值取向，只要他有自己的见解、有自己的独到之处就可以。找他们，有的是通过网上，有的是通过一些演讲什么的。

**问**：您对中国的感情在过去的20多年中有变化吗？我想，当你喜欢或者不喜欢某个国家的时候，做这个国家的报道恐怕需要时刻避免把个人情绪或偏见渗透到你的报道中。

**答**：我倒没有。感情归感情，但尽量把感情和工作分开。要经常注意这个，这是个问题。比如说，老百姓的利益受到损失，我心理感觉非常强烈，但要做到：必须中立，必须绝对避免参与这个事情，不管你怎么同情他们，你的文章必须不能只提一面。同时，记者也要避免官方所谓的那种感情。比如，官方夸你的文章，表达了你对中国的感情，你要避免这个；也要避免它指责你，说你伤害了老百姓的感情。

**问**：我们注意到，很多西方媒体关于中国的报道，往往由焦点事件引发关注，但报道中必定涉及政治体制，有时候，甚至觉得是在通过一个事件来解读政治制度。不知道您有这种感觉吗？

**答**：我认为，深度报道就是这种优点，你可以写到某个事情的很多细节，这些细节可以让外国听众了解中国人的日常生活。这个就像是一种镜头吧，先看那些微观的，然后再拉远，看整个东西——这些细节怎样代表全国的情况，说明了一些什么问题。我觉得，记者和其他知识分子有个共同点：在体制上寻找个别案件的原因，这个体制又应该怎样去改善。

**问**：类似报道的不断叠加和重复，是否会强化外国公众对中国体制的刻板印象以及批判立场？

**答**：未必是这种形式，我说的不是在体制上找问题。举些例子吧。老百姓的很多问题得不到解决，是因为对权力没有独立的监督。经常发生这样的案例。一个案件经过千辛万苦，终于落到了一个领导的桌子上，领导作了批示要“慎重处理”，最后才处理了地方官员。这是几百年来、几千年来的模式，是一个体制上的问题。但是，很多外国人不了解，你在分析问题的时候就要从体制上找原因。这个跟对制度做批判是另外一回事，只是告诉你这个制度是怎么运行的。

**问**：所以，外国媒体并非只遵从单一模式，刻意把任何事件跟中国的制度加以勾联并且进行批判？

**答**：对。最愚蠢的做法是说：全都是共产主义造成的。我会跟这些人说，专制跟共产主义是两个问题，共产主义讲的问题是一个社会制度也是一个经济制度，不要把这两个等同到一块。把所有问题怪罪于共产主义是非常愚蠢、非常原始的办法。

这种惯性思维在国外很严重，因为他们不知道其他因素。外国人很难理解中国，把中国政府、共产党看成铁板一块，不知道有地区、部门、阶层等各种各样的利益。对同一问题的看法，中央和地方可能也不一样，地方有地方的复杂，不同省份的处理方法、对策可能都不一样。国内有“政令不出中南海”的说法，这种观点他们编辑也无法理解——地方不听中央的，哪有这个道理呀？

**问**：这种复杂的利益格局和行政治理特征，您是怎么体察到的？

**答**：我觉得，一般的外国记者都知道这些事情。你跟任何一个没有文化的老百姓交流，都可以告诉你这些：什么叫“上有政策下有对策”，什么叫“土皇帝”，什么叫“各自为政”，什么叫“诸侯经济”……这是现实嘛。很多外国记者都在这里读过书，语言、文化、社会、历史等也都有一点掌握。

**问**：请介绍下你在美国国家公共电台标准的工作流程：如何获取消息源、如何制作节目、传输与播出环节等。

**答**：对我们来说，绝大多数的选题都是我们向编辑建议的，但也有很多谁都不用向谁建议的，比如布什总统来访问，那肯定是要做的。选题中有的是社会现象，今年以来我们做了很多有关网络的话题，如“视频自拍”这一类的，前几个星期做了胡紫薇和张斌的事件，也利用这个机会向他们介绍了“雅阁女”①，是我助手发现后告诉我的，我觉得她很好玩，一般网民特别恨她，但也有一部分人说，现在有些年轻人就是这么认为的，只不过她比较赤裸裸而已。之前，我还去南京做那个“马自达 PK 悍马”② 的事，也挺好玩的。我是要用这个说明：第一，汽车文化正在发展，也很有特色，车友是如何把他的车个人化的，美国人也很喜欢这样；第二，有一些不同社会阶层的摩擦，什么阶层买得起什么样的车。

另外，2008 年很多人要做中国和世界的关系，这个选题也要做。我们现在面临的问题是——怎么去突破模式，避免格式化的东西。很多媒体都是一个一个国家地去做，中国与非洲、拉丁美洲、欧洲、北美洲的投资和关系等，还有就是政治影响、经济影响、军事影响、外交政策等，我觉得太传统、太缺乏新意了。我的这些老板们也在讨论，以什么样的模式去做。

**问**：这些线索都主要是从哪里来的？

**答**：有些是看报，有些是跟朋友聊天，有的是看其他外国媒体的报道。我给你们讲一下我今年想做的一些报道吧：“业主维权”还没怎么做，一定要做，因为它涉及到整个土地对国家经济和政治的作用，这太关键了，但要说明它的作用很难；另外，就是中产阶层的法治和政治意识是怎么样的，这个很重要。中产阶层或许有两种想法：一、政治诉求越来越大、越来越高；二、越来越依附于权力不敢去碰硬的，到底是哪一个？我希望，能够通过一些个人的故事去探索。

**问**：我觉得您的有些选题，比如关注中产阶层的政治意识，里头似乎包含着对中国公民社会建设的期待和诉求？

**答**：我自己没有诉求。知识分子都要关心这个国家的前途，尤其是体制上会如何改变。不管你是不是记者或者知识分子，你都要了解这个国家会往什么方向走，这些问题是必须问的。

**问**：你们电台的听众会真的关心这些看似有点抽象的话题吗？

**答**：外国人对中国的相当一部分兴趣就是不知道它会成为什么样的国家。外国听众如果看在美国的 CCTV4、《中国日报》，可以知道官方的一些宣传，特别是很多口号。“和谐社会”、“科学发展观”，他们是听不懂的，不知道怎么个和谐法，怎么个科学法，他需要有人去解释。有时候，这个解释和他看到的现实、听

---

① 名为“雅阁女”的女网民在网上数次发布自己的视频录像，公开宣扬崇富思想，她声称自己是“高贵、有品位的高级白领”，而她开的是“豪华、高贵的本田雅阁轿车”，“月薪 3000 元以下的人是下等人”，引发数百万网友对她的言行展开“讨伐”。

② 一段在网络上广为流传的视频，在南京，20 多辆经过改装的马自达 6 轿车，在高速公路上将一辆悍马车团团围住，逼迫其以 30 码的速度在高速公路上缓慢爬行，直到 10 分钟后悍马车拉响警报。随后事件当事人高调亮相，拒不认错，引发网络大讨论。

说的东西是不一样的，就是因为有不和谐所以才提出和谐，就是因为有不科学才提出科学的。所以，我觉得这些读者、听众会有很多困惑，这些官方的解释是很难满足他们了解中国的心理的，而这个正好是我们应该帮他们去解读的。

**问**：你们这种解读对他们的意义主要是什么？

**答**：帮他们了解中国的这些基本国情，制度的运作、发展的趋势，给他们举一些例子，比如关于中产阶层，只能通过讲他们自己的故事、了解他们的心理，你才能判断他们的态度是怎么样的，他们的诉求到底会是怎么样的。当然，记者要做的不是代替读者下结论，而把故事告诉读者让他自己得出结论。

**问**：一般，媒体比较喜欢展现社会中新、奇、怪的东西，满足人们窥探的、猎奇的心理，你们似乎不太注重这些？

**答**：我觉得，这是这个媒体行业的问题，有八个胳膊四条腿的女孩，媒体都愿意找这样的新闻。我上面的编辑要感兴趣的话，我肯定是拒绝做的。

**问**：你们电台在北京驻站就你一个人？有固定的工作量吗？

**答**：在北京就我一个人。没有这种硬性的标准，一分钟的短报道每天基本都有的，长报道平均四分钟左右，可能一个星期都没有新闻，也可能出现大新闻，每天有两三个。我们是没有固定的，比如2005年的伦敦地铁爆炸，当时每天两三个长的，一两个短的。

有时候，确实是台里没东西播，别人都休假了，就逼你去做，这是头疼的事情——为了生产而生产。如果我认为一个事情实在是不值得做或者我有别的选题，就尽量不让那些没意思的耽误有意思的。而且，尽量避免大家做一样的。

**问**：什么才是你的选题标准呢？

**答**：几个方面：一个就是我们作为广播电台，有的题材细节可能非常棒，但没有好的声音；然后就是，那些能讲很多细节又能说到全国大趋势的题目；再有，就是比较好玩、比较滑稽的。实际上，就是这几个方面，题材要不断更换，有时候要做那种很严肃的，有时候也要娱乐一下，不同题材一定要多元化，科技、娱乐、外交、考古，尽量各方面都有。

我的毛病就是比较感兴趣那些严肃的题材，而且说实在的，我们这个媒体有自己的特色：知识分子听众比较多，愿意听一些严肃话题的报道，他们有这个知识背景、兴趣、文化水平。所以，我比较倾向于那些严肃的，关于社会、文化、思想、政治、经济的东西多一些，那种娱乐的、比较“飘”的东西少一些。

**问**：同一个事情发生，大家都去采访，您怎么让自己的故事与众不同？

**答**：就是侧重点吧。比如胡紫薇和张斌的事，大家最近都在关注。我写这个东西，提到所谓的公民记者，就是老百姓用自己的手机拍一些东西，然后上网向公众发布，这个在中国其实并不发达。我在文章中提出来，“公民记者”才刚起步，还不是很发达，很多网上的自拍内容就是娱乐，乱七八糟的。胡紫薇这种事情让中央台非常尴尬，特别不希望被公众看到，有人还在那儿不让人去拍，但最后在网上都看到了。这个就说明自拍视频的力量是很强大的，至少在变得强大起来。

**问**：你们在报道过程中也会遭遇阻挠么？

**答**：对，主要是地方政府。一种阻力是，在北京采访官员，得不到采访机会；另一种就是，去地方去采访老百姓，会遇到阻力。我们没有碰到过比较激烈的冲突，可能是我们的媒体不那么受关注。

我们的主管部门——外交部在国内还是相当开明的。我总是说，我是非常不认同那种正面和负面报道的区分，每个好的报道中都有正面和负面的。一般，这种正面和负面的判断，不是出于新闻的考虑——是否有利于人们了解真正的情况，是否有利于推进社会进步和民主，而是出于宣传的考虑——它对国家形象有什么影响。

## 中国最有意思的是观念、文化和思想上的变化

**问**：您刚才讲到，相比其他外国媒体，你们电台的影响力和关注度可能比较小，这会不会影响自我成就感的实现？

**答**：我们 NPR 的广播节目通过收音机只能在美国收到，不像 BBC、CNN 它们用几十种语言向全球广播。我们的宗旨就是教育美国老百姓，当然，也可以通过网络收听，从这个意义上讲，全球都可以免费听。至于官方关注的程度，我是愿意从他们那得到反馈的，但平常是没有的，这也没有关系。

美国听众会有反馈，最常见的就是发 E-mail，有的对事实提出异议，有的给我们提选题的建议，有的是好奇，还想了解更多关于这个题目的。我们的媒体的性质跟其他媒体不一样，我们是完全民办的，完全靠老百姓的支持运行。我们的听众有 2600 多万，比一般报纸要多，但就全美国来讲不到人口的 1/10。

**问**：你们的体制是跟 BBC 相似的公有制形式么？

**答**：不是很一样。BBC 是非自愿的、强制的。我们是百分之百自愿的，不会因为你不付费就不能收听节目。我们完全靠老百姓捐款，给得越多越好，不限制。每年组织一些捐款活动，也做一些广告，鼓励公众捐款，也向一些基金会、慈善组织募集资金。

**问**：您在公共电台这几年做的节目中，个人感觉比较满意的是哪些？

**答**：我自己感兴趣的就是传统文化，有几个做得还可以。去年做了一个“聚元号”，北京过去给宫廷做弓箭的一家老字号，掌柜在争取收徒弟，但不太容易。这个节目做了四五分钟，一个是讲讲旗人文化的一部分，继承非物质文化遗产，然后就是讲射箭和做弓箭的方法。还有2006年做了一个关于胡同声音的，很受欢迎，就是发挥声音的特点，磨剪子、磨刀的，收破烂的，各种声音。

**问**：说到胡同声音，我想到上海电台有个节目叫《声音档案》，也是选择不同的声音来做节目，比如码头上轮船靠岸时锚抛下去“嘭”的声音。

**答**：我们也做这样的。我为什么喜欢传统文化呢？这些背景式的东西，最能帮助听众了解中国。另外，中国什么都在变化，但也有很多没有变，要看正在消失的、正在变的部分，也要看没有变的部分。我的任务是让人知道有这么回事啊，抢救不抢救历史记忆、文化传统不取决于我。

**问**：您愿意选择电台而不去报社，为什么？

**答**：有时候，弄点声音也挺麻烦的，技术方面的要求特别多，就像电视一样，必须到现场，但更多的是，我喜欢这个媒体。一个是经营模式，从可信度来讲，绝对是民办的最有可信度，你没有商业目的、没有宣传目的，你是为听众服务的，确实关注老百姓，也在教育老百姓。另外，我本人喜欢声音，我离不开音乐，我愿意用话筒作为笔，作为镜头，来描绘我所看到的一切。因为声音不像画面，能给你留下想象的空间，我觉得这是很可贵的。声音要是裁好了，确实可以让人如临其境。比如“胡同声音”那个节目，很多人给我写信说，一听到像鸽子哨的声音，就好像马上回到了童年。所以，声音对于人的回忆有一种特别的启发力量。

还有就是，我们这个媒体的关注点以思想文化为主，我认为中国最有意思的变化不是在物质上的，而是在观念上的、文化上的、思想上的……商业媒体可能对这些听不进去，不感兴趣，没有那个文化背景。所以，我还是在这个媒体做得比较愉快吧。

**问**：关于中国的媒体环境，您怎么看？

**答**：我对这个比较感兴趣。从2007年1月1日开始，政府对外国媒体的报道有了新规定，不需要经过外事部门同意，就可以自由采访。大家讨论的是，中国有没有兑现它的义务，怎么样才算兑现了承诺？

我觉得，跟别的国家相比，在中国做记者是比较安全的、方便的。关于采访的新规定，要让地方干部完全执行这个决定，还不太可能。有很多外国记者在地方出了问题，打电话给外交部，外交部就打电话给地方官员，马上放人就没事了。总的来说，没有记者否认这个新规定是有进步意义的，一般记者也表达对中国有耐心，怎么也比过去强。我是倾向于理解的，因为从现实来讲，不可能一点问题没有。

**问**：您如何评价外国媒体驻华记者整体的专业水平？

**答**：水平不一。但总体来讲，在这里的外国记者，水平还是挺高的，尤其是一些精英媒体，英国的《泰晤士报》、《独立报》、《卫报》，美国的《华盛顿邮报》、《纽约时报》等几个大报纸，在这里的记者水平还是挺高的。如果你这些媒体都看的话，我觉得，给你的中国印象还是比较全面的，虽然也不尽如人意。

**问**：跟（20世纪）90年代相比，感觉有变化吗？90年代中后期，李希光教授的《妖魔化中国的背后》一书曾非常热销。

**答**：这个是跟当时的情况有关系，像南斯拉夫使馆被炸之类的事情，跟老百姓的民粹思想也有关吧。

**问**：如果请您描述下外国记者在中国做报道的功能，用什么词更准确些？

**答**：一方面，描述变化、记录变化，因为这些变化发生很快；另一方面，观察全球化问题在中国的表现，把全球趋势跟中国现实结合在一起。

**问**：有相对固定的报道框架吗？

**答**：每个人有每个人的框架，每个人有每个人的侧重。其他，像成见也好、框架也好，或多或少都会有的。如你所讲的，把所有问题都记在共产党账上的（惯性思维）也有，只不过这样的话就比较浅层次。

我们有一个说法，“如果流血的就是头版的”，这是媒体最低俗、最庸俗的表现，也是商业模式的弊病。我希望记者自己不要考虑：我是不是负面的东西做得太多了？而是自己要一分为二地看问题，报道上访或者示威，为什么不看它也有积极的一面：老百姓的法律意识在增强，为什么非要把它理解成对抗？

**问**：嗯，这有点接近深度报道的要求：试图呈现事件背后的意义网络，把事实放到跟其他事实的联系中去呈现意义。接下来，您有什么新计划吗？

**答**：一个是多做那些我没有做过的，像考古之类的题材。还有，就是去我们还没去过的地方，除了中国大陆之外，我们还负责东北亚，中国的香港、台湾、澳门，韩国、朝鲜、日本等，没去过的地方如一些省份、城市要多跑跑。另外，就是找一些新的写法，打破旧的模式，写一些好的故事吧。

# 无所谓新闻正负，只在乎报道真实

## ——英国电视第四频道驻京记者林夕（Lindsey Hilsum）访谈

## 个人简介

林夕（Lindsey Hilsum），英国电视第四频道①驻京记者，并任该台驻北京办事处的负责人。作为英国独立电视台4套国际部的编辑，她曾凭借费卢杰和别斯兰的报道，在众多的参赛作品中脱颖而出，获得2005年英国皇家电视协会的年度记者奖。

2003年，林夕长驻巴格达10周发回关于伊拉克战争的报道，之后还多次返回伊拉克。北约发动科索沃战争期间，林夕在贝尔格莱德；她还延长了待在津巴布韦、伊朗、以色列和被占领区域的时间。2003年，她凭借关于设在杰宁的巴勒斯坦难民营的报道一举摘得了英国皇家电视协会的年度专家型记者奖，并凭借1994年卢旺达种族灭绝报道获得了其他一些奖项。

林夕曾为BBC、《卫报》和其他报纸发回来自非洲和拉丁美洲的报道，在那里，她不仅仅是一个记者，还是乐施会和儿童基金会的援助工作者。林夕还经常为《新政治家》杂志和《格兰塔》杂志撰稿。

① Channel 4开播于1982年底，它是20世纪80年代期间有线和卫星电视到来之前的最后一个地面广播电视频道。它的定位是为小众服务的全国性公营电视频道，事实上，它是一个掺杂了公众服务与商业电视服务的混合体，是英国另一个版本的公众广播服务机构。

## 访谈实录

访谈时间：2008年1月29日上午

### 对新闻记者来说，中国太难把握

问：您对中国的印象或感觉是什么样的？在这里，有什么是您喜欢或不喜欢的？

答：我是专业记者，不用“感觉”说话。至于印象或者喜欢不喜欢，这个问题太复杂，我不能回答。

问：那么，初来中国的时候，第一印象是什么？

答：当时有很多印象，但基本上，作为一个记者，对中国的第一印象是：中国太难报道，因为没有什么爆炸性的新闻。回想最近世界上发生的重要新闻，有肯尼亚选举后的暴动①，有加沙人民推倒埃及墙②，这些大事件就是具有新闻价值的，而中国没有事件，只有过程。对新闻记者来说，只有过程而没有事件更加复杂也更难把握。这就是我作为记者对中国的第一印象。

问：如果朋友问起您对中国的看法，您会怎么告诉他们？

答：我会告诉他们中国几乎没有事件，对新闻记者来说，中国太难把握。我会重点强调政府对信息的限制，有些官员惧怕信息公开。另外，改革开放，经济的迅速发展使国家发生巨大变化。

问：您来中国一年半，对中国的印象发生变化了吗？

答：当然，刚来的时候我什么都不知道，有很多地方需要学习，然后逐渐加深了对中国的了解。我的感觉是，政府对信息的控制比我想象的更加严格，但我对中国的了解也是逐步加深的，所以，我不确定究竟是现状变了还是我自己的认

① 2007年12月30日，肯尼亚选举委员会宣布当时在任总统姆瓦伊·齐贝吉在27日举行的大选中获胜，主要反对党“橙色民主运动”指责齐贝吉在选举中严重舞弊，要求对全部选票重新计票，但遭到肯尼亚选举委员会拒绝。之后，包括首都在内的多个地区发生骚乱。

② 2008年1月17日开始，以色列以南部地区频繁遭到火箭弹袭击为由，对加沙地带进行全面封锁，从而引发加沙大面积断电。因缺电缺原料，百姓的生活受到严重影响。1月23日，在加沙地带与埃及接壤的拉法赫小镇上，约2/3的金属边境墙在一夜之间被炸毁。成千上万的加沙人爬越炸出的洞口，拥入埃及，抢购各种商品。

知变了。只是对我来说，信息的窗口原本就开得很窄，而现在被关上了。

**问**：作为初来乍到的西方记者，怎样才能尽快地了解中国、熟悉中国？

**答**：我在许多国家工作过，中国和其他国家一样，开始你什么都不了解，很无知，因此需要尽快学习很多东西，尽可能多地进行交流，比如走进农村，走出北京，认识首都以外的中国。当然，还需要有工作伙伴，我有一个双语制作人。我们尽量创造机会和人们进行交流，普通人、商人，不过没有政府官员，这是很重要的一点区别。

在中国，采访政府官员没有意义，你可以在书面报告里读到他们要说的话，而且，政府官员一般不会接受外国记者采访，除非是很有学识并且和政府方面建立长期合作关系的记者。采访官员不会比阅读官方书面报告得到更多有价值的信息。

**问**：许多外国记者也告诉我们，很难从政府官员处得到足够真实的信息。

**答**：大多数情况下，采访政府官员没有太大的价值，他们不会告诉你什么，也不会和你进行真正的交流，只会照本宣科地给出官方解答。所以，一般我不会去浪费他们的时间。

**问**：那么，新闻发布会呢？

**答**：新闻发布会也不是非常有用。我可以从网上阅读到官方发布的信息。偶尔有些新闻发布会很值得出席，但大多数情况下，最有效率的方法是通过通讯社获得这类日常发布的但毫无新鲜感的信息。我宁愿把时间花在采访上，这样可以获得原创的新鲜内容。

**问**：您并不懂中文，如何进行采访呢？

**答**：我有一个双语的制作人，她在中国出生，是美国公民。我百分之百相信她，因为她既是中国人又不是中国人，无论从语言角度还是文化角度，她都是中西兼备的。她在中国出生,，长大，然后去了美国，现在又回到中国工作，因此，她是一个不同寻常的人。

**问**：在中国进行报道，最困难的事情是什么？

**答**：最困难的倒不是语言，因为采访完全可以顺利进行，但因为语言的障碍，我不可能得到最直接的原始答案，也无法进行即兴的提问。在阿拉伯国家，以及西班牙和法国，我也遇到过类似问题。某些情况下，语言里某些微妙的、复杂的隐含意思或潜台词可能被忽略或丢失掉。这是最大的困难。当然，还有其他困难，比如人们不敢多说，担心言多必失，还有政府会撒谎，所有的政府都撒谎。

**问**：是什么原因促使您形成了现在这种对政府的认知，总觉得他们在撒谎？

**答**：所有的政府都撒谎，这就是他们的风格，他们总是在撒谎。我来自英国，政府也总在撒谎，但通过某种途径，信息总是能披露出来。但在这里，大多数情况下，信息不会被披露，很难得到确切信息，都被遮盖起来了。比如，在其他国家，如果有一次示威，你马上就知道了。但在中国，你可能两三天之后仍然不知道这件事情，这可能与国家的大小有关，也可能与信息管制有关。

**问**：所以，您说作为记者，应该保持质疑政府、体恤人民的态度？

**答**：驻外记者与在自己的国家做记者的角色不一样。作为记者，当然应该挑战政府，不应该对他们宣扬的价值“照单全收”，而应该保持质疑的态度。

比如说，在英国，记者在事件伊始失职的经典案例就是伊拉克战争。我们虽然提出了疑问，究竟向伊拉克开战的真正原因是什么，但那还远远不够。后来，我们一直不停地追问，花了很长时间，才得到回答。但我们没有放弃，一直提出问题：开战的原因究竟是什么？大法官的意见是什么？布莱尔和布什究竟什么时候做了最终的开战决定？因为他们在这个问题上撒了谎。这种坚持不懈的质疑精神是非常重要的。

在中国，我也尝试这样做，但我觉得不会有什么结果，因为我没有采访对象，语言上也不通，不可能真正做到。但从最基本的层面讲，这是记者的本职工作，无论在中国还是西方，当然在中国或许更困难一些。

**问**：您认为这种新闻价值理念普适于全世界的记者吗？

**答**：是的，我认为记者应该挑战掌握权力的人，这是记者的工作。

**问**：那么，在这个方面，您认为美国和英国记者之间有什么区别？

**答**：这是个很好的问题。我认为美国国内新闻通常比欧洲新闻肤浅很多，他们没有质疑的态度，与之相比，英国的电视记者要好得多。但是，美国的报纸记者，特别是那些高质量报纸的记者，很有锲而不舍的精神，比如《纽约时报》、《华盛顿邮报》等。而且，美国政府没有英国政府那么神秘，因此，美国记者可以找到需要采访的对象。与之相比，英国政府总是神神秘秘，不像美国那么公开。所以，美国记者的日子可能比英国记者好过一些。

## 挑战在于看到事件之外的东西

**问**：您在中国获取新闻线索的渠道主要有哪些？

**答**：有很多渠道：新华社提供的新闻，然后报纸上的报道……我们有个团队在对中国报纸进行分析，但老实说，现在还没有选定某一份报纸作为固定的新闻渠道。另外，我会去网上浏览很多博客，里面有翻译的新闻。当然，也有人会打电话给我们。总之，有很多很多的渠道。

问：您如何权衡一个事件值得报道的价值大小？

答：关于新闻价值如何权衡的问题很复杂。我觉得，在中国工作对我的新闻价值观是一个很大的挑战。以前，我们倾向于把新闻价值建立在事件上，这个我们前面讨论过，而报道中国的挑战在于要看到事件之外的东西，要梳理过程，并且找出新鲜的新闻点。这也是我和我的编辑常常需要争辩的东西。比如，我做了一个报道，他说，好，星期一发，但星期一另一个地方又发生了一件事情，他就会说，我们星期二发那个报道，然后就拖到星期三、星期四。新闻价值在于今天发生事件对另一个事件产生持续性影响，因此，我常常和编辑争辩。

问：您们怎么决定报道的选题？一般要走什么程序？

答：这不是一个生物过程，无法给出科学规范，我只能举例子说明。每个记者都有自己的兴趣，或者强项、弱项，我本人更擅长政治报道，而不太擅长经济报道，其他记者可能完全相反。我也觉得自己应该更多地报道经济新闻，因为这一块同样非常重要，但对我来说那很无趣，这只是我个人弱项所在。

比如，我最近在做一个选题。之所以报道这个事件，是因为我觉得它体现了"中国方式"，事情本身很荒谬，但为什么那么多的人尤其那么多穷人都相信那家保健品公司，并且都参与投资，就是因为他们相信这家公司背后有政府做靠山，不会垮。这个事件很有意思，反映了中国特色的企业运作，也反映了普通老百姓的轻信。他们看见那个产品的代言人在春节晚会上出现过，就完全相信那个企业，而他们根本不知道资本的运作逻辑，32%的回报率是根本不可能的，可见老百姓根本没有投资经验……所有的一切，都反映出了"中国方式"。

问：您在做这个事件报道的同时，也在进行意义的解释。您认为，报道和解释哪个更重要？

答：两者不可分割，必须兼备。如果只报道不解释，人们无法理解报道的内容，而你也不可能只解释不报道。因此，需要两者兼顾。

问：许多西方记者向我们抱怨说，如果对一个国家没有整体了解，就很难把新闻事件放在特定背景中考察，也很难在报道基础上进行解释。

答：这方面，我很幸运。作为新闻记者，我喜欢做长一点，七八分钟的片子，英国的电视台，比如BBC也会放很多，因此，我有很多空镜头供选择搭配。在理想情况下，这两者当然应当结合起来。

问：英国广播公司（BBC）和独立电视台（ITN）的区别在哪里？

答：BBC在规模上大很多，拥有很多频道，广播、电视等。我在ITN四频道电视台工作，这个频道也有很多节目，体育、纪录片、电视购物等，而我只负责给四频道做新闻节目，也就是晚上7点到8点播出的时段。BBC的新闻更严肃、更官腔，我喜欢可以用各种有趣的方式报道新闻，甚至带点个人色彩，我的新闻不需要用枯燥的方式讲出来。

**问**：那么，您觉得BBC枯燥吗？

**答**：比起ITN来说枯燥很多！他们以自己的“直接”的方式做新闻，对记者来说，不够具有挑战性。

**问**：您喜欢让新闻报道带上点个人色彩，这样更有挑战性。

**答**：是的，对我来说，这很有趣。但对于国家来说，需要BBC那样的电视台，因为人们需要听到正式的官方报道，这是很有用的。但对另外一些想要多点新鲜信息的观众，他们可以收看四频道的新闻，这里的新闻往往更富有创意，会给观众更多的惊喜。我们没有必要把所有的新闻做成一模一样，人们有权利选择他们所喜欢的报道方式。

**问**：您用什么方式，让自己做的报道与众不同？

**答**：我尽量多和普通老百姓进行交流，找到那些“故事之外的故事”。比如，我们报道过某个地方的土地问题，因为土地开发，村民被赶出原来的居住地，村民与开发商发生冲突时被打伤了。当时，正好有村民拍下了这一段镜头。当我们赶到医院的时候，不仅看到了被打伤的村民，还拿到了当时的现场录像。然后，我们赶到开发商那里，听他们的解释，最后，又到政府部门去询问他们的态度。他们的回答很令人惊讶：“那个村的村民是出名的捣乱鬼”。不过，没关系，我们至少听到了他们的态度，知道了他们的想法。我之所以认为这个报道很成功，是因为它反映了各方面的声音，观众看到的不会是一面之词。很多情况下，我们不可能做到这么完整，因此，这个报道是个很好的例子。

**问**：你们怎么报道那些政府官员并不愿意让你们采访的新闻故事呢？

**答**：动作一定要快！你必须尽快拍到你想要的镜头，然后“搭最近的一班飞机离开”。

**问**：许多外国记者告诉我们，很多情况下，新闻选题都是由总部而不是由记者自己决定的？

**答**：是的。这是一个讨论的过程，我和编辑之间也需要商量。比如，我想做一个关于农民的长篇报道，但编辑说：“我们并不是十分需要这种长篇大论讲农民故事的新闻，做5分钟就足够了！”我可能一时会走神，答应说：“好吧，5分钟。”然后，等我回过神来，会讨价还价：“只有5分钟？7分钟吧！不然8分钟？”这是一个谈判的过程。我总在怂恿他们多给一些中国报道的时间，因为中国是世界上最重要的国家之一，但编辑会告诉我说：“我们不能在中国放太多时间，我们还有肯尼亚，还有加沙等等。”所以，我们会通过讨论来最终做出决定。

问：采访您之前，我们查阅了您的简历和资料，发现您得过很多奖项。这些“资本”会不会让您在和编辑“谈判”时更有说服力呢？

答：是的，资历越高，说服力就越强，基本上都是我赢。

问：偶尔也会输吗？

答：当然。对最重要的报道，我不会让步，但有时候，我需要“输”一下，然后说：“记得你欠我的。”（笑）

问：您报道过伊拉克战争，这一定给您的职业生涯加分不少吧？

答：是的。一般来讲，在一个组织中，一个人的资历越高，能施加的影响力就越大。当然，这也不尽然，要视情况而定。

问：战争报道结束后再来中国，是否觉得现在所做的报道不够刺激？

答：两者不一样。在中国做报道，对我的智商是很大的挑战，我很喜欢，而且我觉得中国也很重要。

对欧洲人来说，世界范围内有两件事最重要，一是中东问题。巴勒斯坦问题、伊斯兰教的兴起、恐怖主义、伊拉克战争、阿富汗战争，这一系列可能影响及改变世界的事件。然后继续往东，就是中国问题，包括亚洲的其他国家，整体上亚洲国家都表现不错，这是另一件对世界产生巨大影响的事件。世界的经济实力，包括随之而来的政治实力、外交实力开始转移，美国不再是世界的超级大国。我觉得，这两者都是十分重要的。

我到中国的原因就是，我已经报道过前者，做过很多关于恐怖主义、伊斯兰教的报道，但在英国，关于亚洲崛起的报道十分欠缺，人们低估了中国的崛起。同时，和恐怖主义之类的主题相比，中国的崛起没有那么剧烈，没有吸引足够多的关注。因此，我想要来到中国，更多地报道中国。

问：中国飞速发展的现实对任何记者都是宝贵的新闻素材。

答：当然，这是很好的故事。

问：您觉得，国家间的外交关系会影响您做中国新闻的价值和倾向么？

答：英国在世界上不是一个十分重要的角色，因此，中英之间的关系并不十分重要。另外，我也没有做过很多有关中英关系的报道。布朗首相来的时候，我本想做相关报道，但最后没有，而那也并不是十分重要的事情。所以，我不觉得有什么影响。

## 记者的专业素质是不会因地制宜的

**问：您在中国做新闻报道的时候，有没有自我审查？比如觉得某些东西太敏感而放弃报道。**

**答：**不，我从来不会审查自己。有时候，我会因为赶时间，又不能得到自己需要的全部信息，而不得不放弃一些选题。我不介意被捕，但这没有意义，并且是浪费时间。所以，关键在于我可以掌握多少信息，虽然不一定会把掌握的信息全部用上，要有取舍，但决不是因为审查。我不会自己审查自己。

在这里做新闻，会有各种限制，但我并不害怕。我在其他国家，曾经挨打，曾经被遣返，也曾经进过监狱，而在中国远没有那么危险。有些西方记者的描述太戏剧化，中国远没有那么危险。

**问：在这点上，您和少数西方记者很不同，有的担心被遣返而丢了工作，因而非常珍惜，比较谨慎。而对您来说，这并不是一个问题？**

**答：**这是一个成本计算的问题。他们不希望被遣返回国，因为被遣返是个相当严重的问题，谁也不希望这样的情况发生。我觉得，记者应该坚持公平，虽然有新闻审查，但实际情况是，中国很多普通老百姓生活得很好，那么，作为记者就应该反映这个事实。这是我个人的评价。

**问：您有一些报道被翻译成中文，中国公众也可以读到。**

**答：**真的吗？我完全不知道。我没有想到有人愿意把我的东西翻译成中文。

**问：您知道，很多中国公众会抱怨，西方媒体为什么总报道我们的负面新闻，或总习惯于把一些具体事件与国家制度、意识形态扯在一块。您怎么看？**

**答：**我是一名英国记者，对英国读者来说，他们并不熟悉中国的背景。因此，我在写报道的时候，要把小故事与大背景联系起来。比如前面提到的那个案例，英国读者之所以会对这个小村庄里发生的事情感兴趣，是因为这件事情发生在中国，反映了中国的一些问题，而中国对世界又如此重要。所以，我做的报道都是既讲述某个小故事而同时又在描述中国的大图景。这也是你前面提到的“解释”的问题。我觉得，这种联系与解释不仅十分有趣也十分必要，这是我的工作。

**问：这也是您在不少报道中经常提及法治不完善的原因？**

**答：**我不知道你具体指哪一个报道，整体上来说，我的确觉得法律体系不健全是现在中国很重要的问题之一，很多公众试图通过法律途径解决纠纷，却往往没有结果，这是老百姓生活中的重要问题。我知道，中国政府一直在努力健全法律体系，但这也恰恰体现了当前法律体系的不完善。我觉得，这非常重要，因此很多报道都与这个主题有关。

**问：**如果总是选择负面的新闻题材进行报道，您觉得，这些报道加在一块，能如实反映中国的宏观图景么？

**答：**我从来不会问自己报道是正面还是负面，或者是否正确，我根本不在乎。我不在乎新闻是好消息还是坏消息。在世界上的任何地方，这都是一种不成熟的愚蠢的观点，任何限制正面新闻或者负面新闻的人都对新闻一无所知。我到过的所有国家都是这样，包括我自己的国家。

布莱尔总是抱怨英国记者的报道太负面，中国人也是这样，世界上任何国家都是这个情况。唯一的例外是，大多数中国民众，或者说更多的中国民众会理智地思考为什么西方记者总是会报道负面新闻。

对我来说，只要新闻是有趣的，是可靠的，是公平的，我不在乎新闻本身是正面的还是负面的。无论如何，正面负面只是个人的主观看法。举例来说，我们做过周春秀的报道，她赢了伦敦的马拉松比赛，希望自己成为中国最好的运动员，我们在她训练的时候采访了她，她训练得很卖力、很辛苦。有人认为这是个正面报道，因为她作为一位中国女性赢得了马拉松比赛，还可能成为奥运会冠军，但另外一些人会觉得这是个负面报道，因为她训练量过大，完全不考虑健康，只想要赢得比赛。所以，这究竟是一个正面的报道还是一个负面的报道呢？这完全取决于你从哪个角度看问题。对我来说，我不觉得这是个正面报道，也不觉得这是个负面报道，我只觉得这是个有趣的故事。

**问：**如果有同行问您，如何在进行报道时避免偏见，您如何回答？

**答：**我不知道该如何具体指导你进行新闻报道，但无论如何，你有责任反思自己的报道，看它是否足够公正。而且，应该尽可能地加入政府方面的说法。比如我刚才提过引以为自豪的那个案例。我们加进了政府的声音，他们说那个村子的人们就是一群捣蛋鬼，而他们需要考虑大多数人的利益，不能因为这几个人的问题而影响了其他大多数人。没问题，这是政府的说法，我们反映了，报道也会因此而全面。

**问：**昨天晚上我们采访了半岛电视台的伊扎特，他跟您一样，对伊拉克战争期间美国和英国记者的报道进行了反思，对媒体成为政府利用的工具进行了反思。

**答：**美国或英国媒体的确都没有对大规模杀伤性武器如何引发战争的原因提出足够的质疑，这是事实。但要说媒体变成政府的工具，英国的媒体根本没有。你可以去调查，我们有很多关于伊拉克战争的报道。

另外，电视媒体与印刷媒体也有区别。比如，伊拉克战争的时候，我在巴格达，当时，没有美国媒体在现场，但英国媒体都有记者在，我们顶着炸弹报道现场情况。我觉得，美国记者的报道更加像一个“清洁版本”的战争新闻，他们的报道中没有尸体，没有失去臂膀的儿童，但是我们有。

当然，在新闻报道中，报道多少事实总是有争议的。但事实是，我们比美国记者报道了更多的事实。当时，美国观众甚至觉得在伊拉克战争中没有伤亡，是战争当然会有伤亡，而我们报道了这样的现实，我们更多地把现实展示给我们的观众。所以，我觉得他的说法可能有正确的地方，但不是完全公平的。

我喜欢他们半岛电视台，不仅是他们台，包括其他很多中东国家的电视台，每个国家都应该有自己的电视台，但是不应该被政府控制。可能个人观点和判断标准不一样，我对他们做的节目不是很了解，只是不太认可他们一些做事的方式，比如呈现了太多血淋淋的画面。无论如何，有不同的观点、不同的声音是个好现象，人们可以从不同的角度看待同一个问题。

**问**：您在不同国家工作过，不同国家之间文化差异会影响新闻理念么？

**答**：各个地方有不同的文化，但是文化差异可能并不大。我认为，记者的专业素质是不会因地制宜的，在世界任何地方，都应该是一样的。

# 后记

由于中西方在政治制度、文化特征、媒介环境、新闻价值观等方面的诸多差异，彼此在交流中始终存在鸿沟和隔膜，甚至经常产生矛盾和冲突。与此相呼应，中西方媒体在对他国进行报道时，也往往容易失之准确、全面与客观。尽管无法“心连心”，但是可以“手拉手”。要想拉手，就必须对西方媒体多些了解，在知晓和理解对方的基础上，方能换位思考，并懂得如何跟其打交道。

对于不断在世界舞台上崛起的中华民族，如何对外说明中国、塑造积极的国际形象，已然成为国家发展过程中的重要考验和命题。在“一个世界、多种声音”的全球舆论格局中，只有尊重真相、把握规律、开放透明才能赢得公信力和话语权。从2008年西藏“3·14”事件到2009年的新疆“7·5”事件，政府在对外传播的理念和策略上大为改观和进步。

笔者撰写本书，目的有二：一、满足学者的研究旨趣。作为笔者“深度报道系列访谈”的第三本（前两册为《报道如何深入——关于深度报道的精英访谈及经典案例》、《记者如何专业——深度报道精英的职业意识与报道策略》），本书试图展现驻华外国记者在中国从事深度报道的经验、技巧和框架，坚持笔者“新闻生产社会学”的研究路径，从生产者、生产过程的角度来辨析影响外国记者报道中国的复杂因素，由此丰富以往过多侧重文本解读、框架分析的相关研究成果。二、尽一份公民义务。以深度访谈这种相对生动、不那么学究化的文本，向包括政府官员、专业记者和普通百姓在内的“公众”，提供一份有助于我们理解外国媒体的读本。塑造国家形象、传播中国声音，这不仅是政府面临的挑战，也是公民承担的责任。如果能够多一份理性、少一点冲动，多一些专业知识、少一点民族情绪，多一点冷静务实的心态、少一些不切实际的完美期待，我们或许能对所谓西方媒体“妖魔化”中国的理论多些理性思考。

本书从准备到访谈，再到整理录音、编辑书稿，最后到稿件确认，忙活了一年多时间。其间，很多人给我们提供过真诚帮助：复旦新闻学院谢静与洪兵老师，老同学卓群，绿色和平组织的王亚敏与梁若乔，《南方周末》马昌博，CCTV《社会记录》的沈亚川，《财经》记者杨海鹏，《荷兰人民报》黄颖，《南方都市报》喻尘，路透社余蔚，香港浸会大学郭中实教授，原《华盛顿邮报》助理Cathy Violin，安替、殷祺……诸多师友帮忙推荐或联系受访者。黄学蕾、梅倩如、雷梦妮、张欣、黄缨杰、童希、王丹丹、孙振、诸盟、王婷婷等诸多友朋帮忙整理录音、编译稿件。北京调研期间，中华传媒网主编何伟佳以她的温暖小窝热情“收留”了我们。感谢我的合作者叶柳，她的热情付出、勤奋努力是本书得以顺利完成的重要基础。此外，还要特别感谢本书责编梁建华先生，他是我教学研究征途上坚定的支持者、有力的鼓励者，出版环节中他耗费了大量心血，令我心怀感激与敬意。其他很多“有贡献者”的名字无法全部列出，等送书的时候再略表心意。

最后，需要说明的是，本书是上海市重点学科国际关系B701和上海外国语大学“211项目”第三期“中国走出去战略和国家软实力建设研究”子项目“外国媒体与中国形象”研究成果，以及2009年度国家社科基金“驻华外国记者的职业意识及影响因素研究”（批准号：09CXM015）的阶段性成果。感谢上外项目主持人、上海外国语大学郭可教授的支持，他不仅参与本书策划，而且还拨冗为本书作序。

张志安

2009年9月，上海